Amiata Mia

Guardiani del Tempo: Ritratti Fotografici delle Antiche Arti del Monte Amiata

Michele Belloni

Amiata Mia

Codice ISBN: 979-8-8773-8854-3

A Guido, che tiene i suoi occhi pieni di gloria

puntati nei nostri pieni di lacrime.

"La dignità dell'artista sta nel suo dovere
di tener vivo il senso di meraviglia nel mondo."

- GK Chesterton -

CONTENUTI

RINGRAZIAMENTI

La realizzazione di un progetto fotografico, che si trasformi poi in un libro, un sito, un evento, è sempre merito di un manipolo di persone che mettono a disposizione del bene comune il proprio tempo, le proprie risorse economiche, la pazienza. E di questa, veramente, ce ne è voluta molta.

Un anno e mezzo per tutti i fine settimana o quasi, chilometri di strada e ore di telefonate, e-mail e incontri, molti otturatori aperti e chiusi per fare uno scatto. E questo grazie alla forza congiunta di due persone: Nicole Rozzi e Nicole Rossi.

Senza di loro, nulla sarebbe potuto succedere. Grazie.

Altri ringraziamenti vanno a (in ordine alfabetico): Luciano Bindi (Allevatore Asino Amiatino), Giancarlo Calvani (Distillatore), Massimo Cartocci (Mielaio), Barbara Contri (Ceramista), Simonetta Giardina (Orafa), Claudio Gorelli (Spazzacamino), Manila Guerrini (Decoratrice), Alessandro Marchini (Intagliatore), Guido Nandesi (Tappezziere), Bruno Porcelloni (Impagliatore), Eleonora e Bernardo Puggioninu (Casari), Duilio Rafi (Fabbro), Alessandro Renai (Orologiaio), Erminio Pizzetti (Cesellatore), Giuseppe Santelli (Minatore), Massimo Scapigliati (Cestiere), Guido Stolzi (Minatore), Pietro Stolzi (Minatore), Fabio Tascone (Maniscalco), Rossella e Riccardo Testi (Allevatori Alpaca), Vladimiro Tondi (Ciabattino), Nedra Vichi (Sarta), Alessandro Vinciarelli (Scalpellino), Aurelio Visconti (Erborista).

INTRODUZIONE

Nel cuore dell'Amiata, tra la Maremma e la Val D'Orcia, una delle gemme toscane, i tradizionali mestieri cedono il passo alle nuove attività, privando i centri storici di antichi riferimenti culturali. Casualmente, ho chiesto a un'amica di aiutarmi a scoprire come questa montagna abbia plasmato un turismo artigianale duraturo. Con il desiderio di comunicare direttamente, voglio proteggere questi mestieri, evitando la loro "musealizzazione".

L'obiettivo è preservare i mestieri tradizionali a rischio, stimolando il ricambio generazionale attraverso il trasferimento delle competenze. La speranza è di riscoprire mestieri minacciati dall'estinzione, capaci ancora di creare lavoro. Queste figure, oramai dimenticate nel tempo, portavano valore storico, culturale ed economico. I mestieri antichi sono un ricco giacimento culturale, indispensabile per il nostro Paese. Hanno bisogno di visibilità e considerazione, al pari del ruolo artistico e culturale che svolgono.

Il libro fotografico dà forma a queste storie, narrando le vite di artigiani locali legati alle loro arti e mestieri antichi. Vorrei che venissero ricordati come autentici, esclusivi e veri: custodi di un patrimonio irrinunciabile.

MASSIMO, CESTIERE

Nelle antiche tradizioni dell'artigianato, la cesteria si distingue come l'arte millenaria di risolvere una necessità primordiale: la creazione di contenitori per i frutti naturali raccolti. L'abilità di intrecciare foglie e arbusti, tramandata verbalmente di generazione in generazione, si è radicata profondamente nel tessuto culturale umano.

In Italia, il materiale prediletto è il salice, noto come vimini, e Massimo ha dedicato anni a perfezionare questa antica pratica. Attraverso corsi diffusi nell'Amiata, condivide la sua maestria, creando panieri, cesti, sottopentola, lampadari, borse e molto altro, che presenta con orgoglio nei mercati locali.

La lavorazione di un cesto di medie dimensioni impiega fino a otto ore, dalle fasi iniziali del reperimento del materiale, alla paziente fase di sbucciatura, essiccazione e ammollo, fino alla fase finale di intreccio. Massimo non solo tramanda una tecnica, ma preserva un legame con le radici profonde di un'arte che ha plasmato la storia e la cultura di intere comunità.

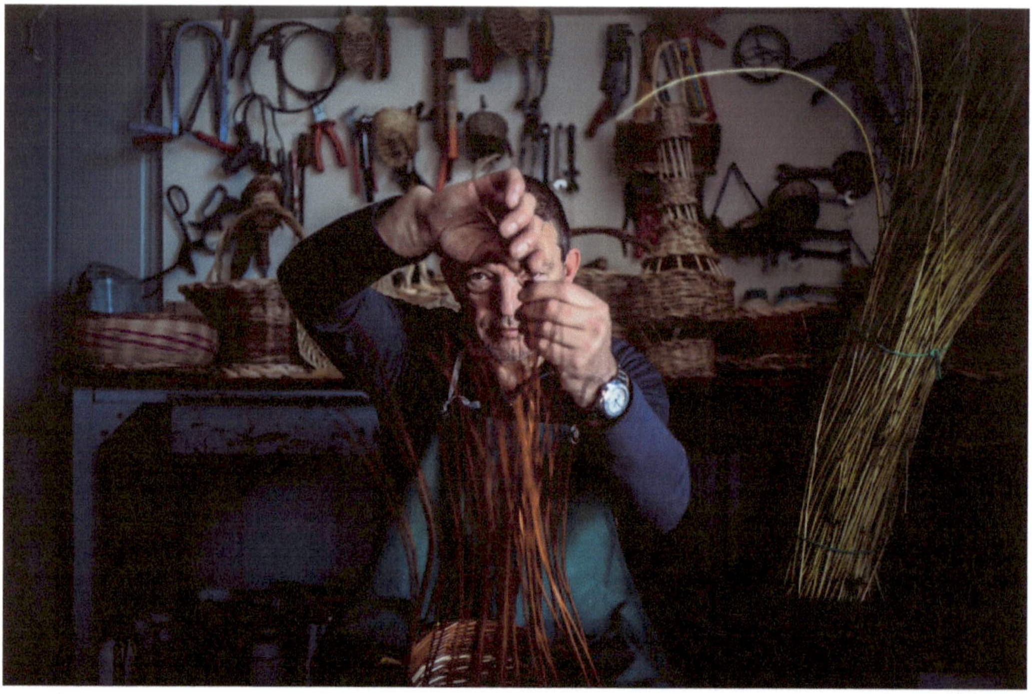

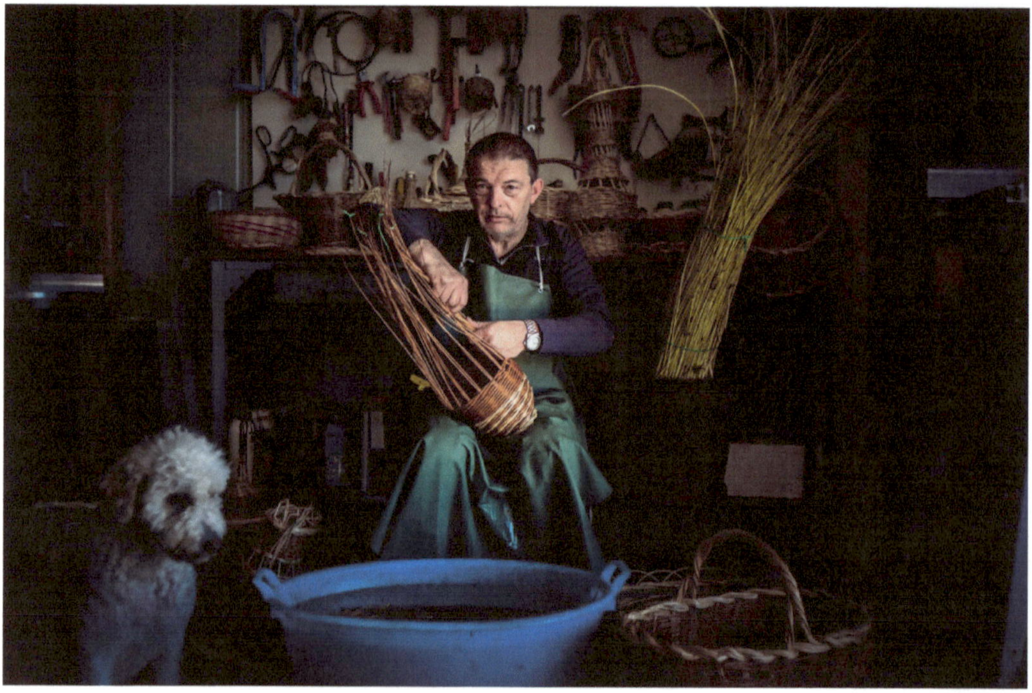

VLADIMIRO, CIABATTINO

La nobile pratica di riparare, sostituire e creare scarpe, impiegando materiali come cuoio, gomma e pelle, è molto più di un mestiere: è un'arte che affonda le sue radici nelle storie medievali delle corporazioni, quando San Crispino divenne il loro patrono. Tuttavia, l'avvento della produzione meccanizzata negli anni Cinquanta scatenò una crisi significativa tra i produttori artigianali.

Vladimiro, noto affettuosamente come Biro, abbraccia questa antica arte fin da bambino. Per apprenderla, si trasferì in Svizzera prima di fare ritorno definitivo all'Amiata. La sua storia personale intrecciata con il suo mestiere riflette il passaggio del tempo e la resilienza dell'artigianato tradizionale.

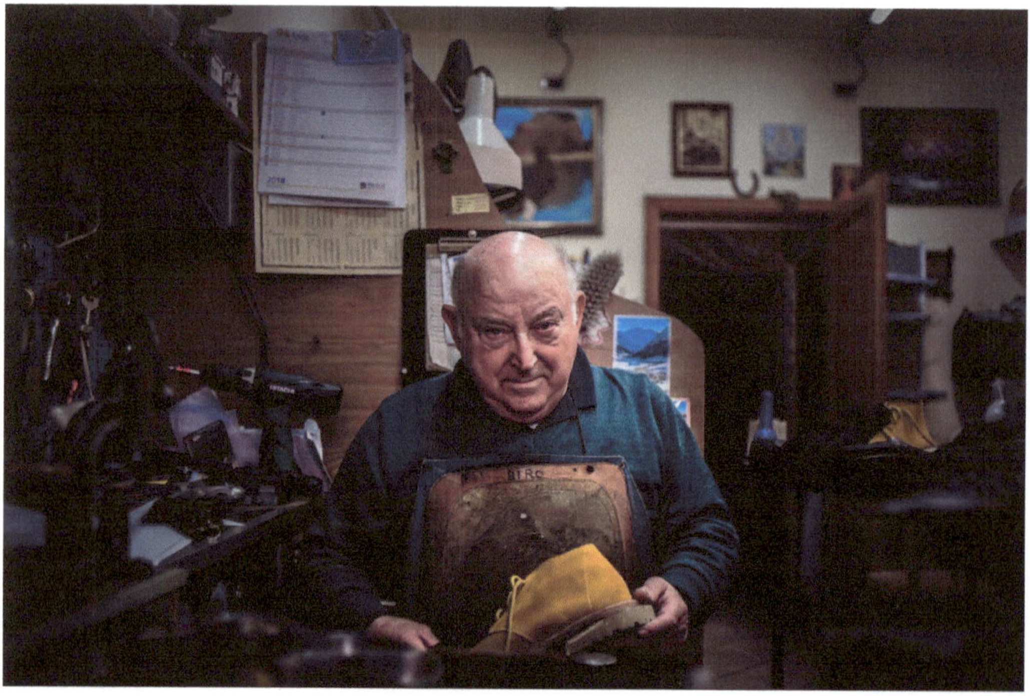

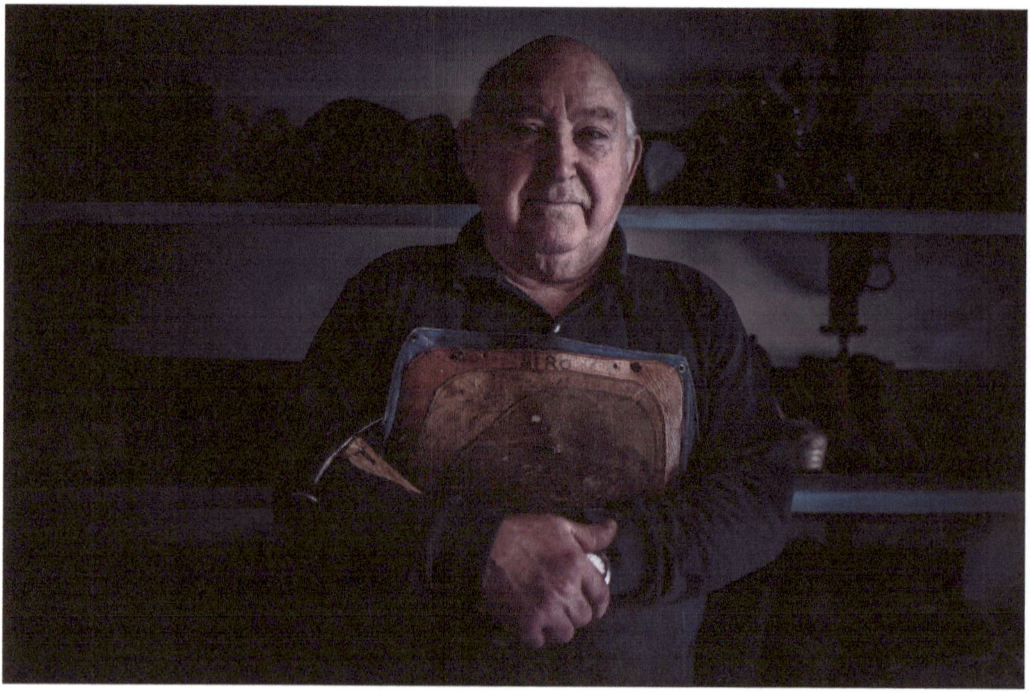

BRUNO, IMPAGLIATORE

L'antico mestiere dell'impagliatore rivive attraverso l'abile intreccio di vimini, rami di ulivo e paglia oglia, anche se oggi è una pratica meno diffusa a causa della crescente produzione industriale. Quest'arte millenaria, che incanta chiunque assista alla sua esecuzione, si svolge con gesti ripetuti ed attenti, tramandati nel corso degli anni.

Questo lavoro impegnativo richiede molti giorni di dedizione, a seconda del prodotto da realizzare. Bruno, un esperto impagliatore con una lunga tradizione alle spalle, ci guida attraverso questo mestiere antico, sottolineando la continuità dei gesti che ha appreso da coloro che lo hanno preceduto. In un'epoca dominata dalla produzione industriale, la sua abilità e dedizione ci riportano a una dimensione in cui l'artigianato è un'arte autentica, tramandata di generazione in generazione.

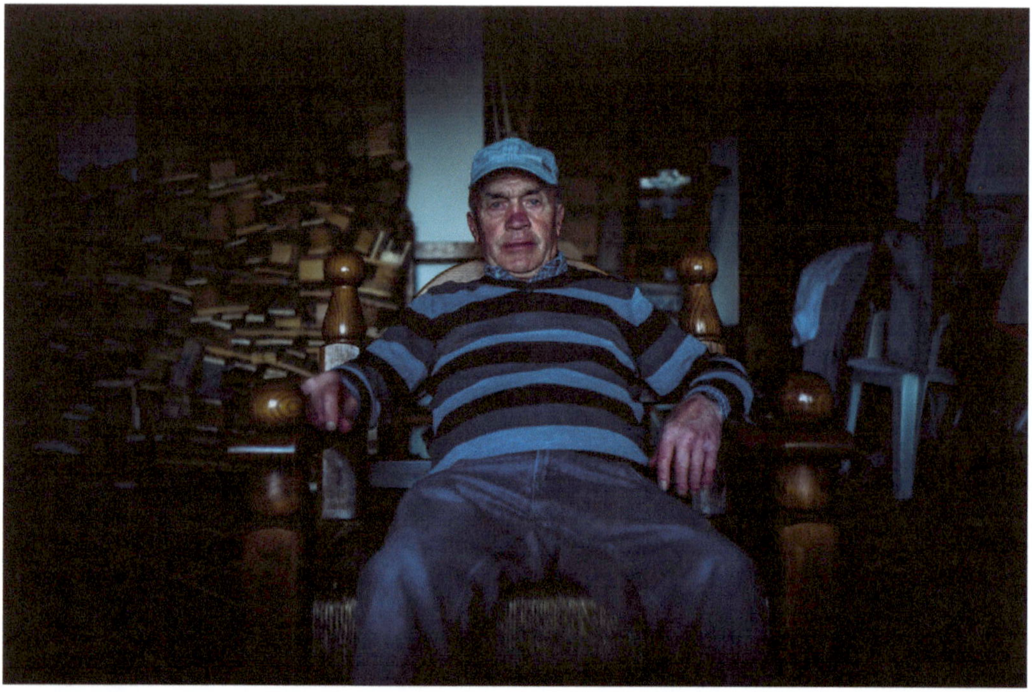

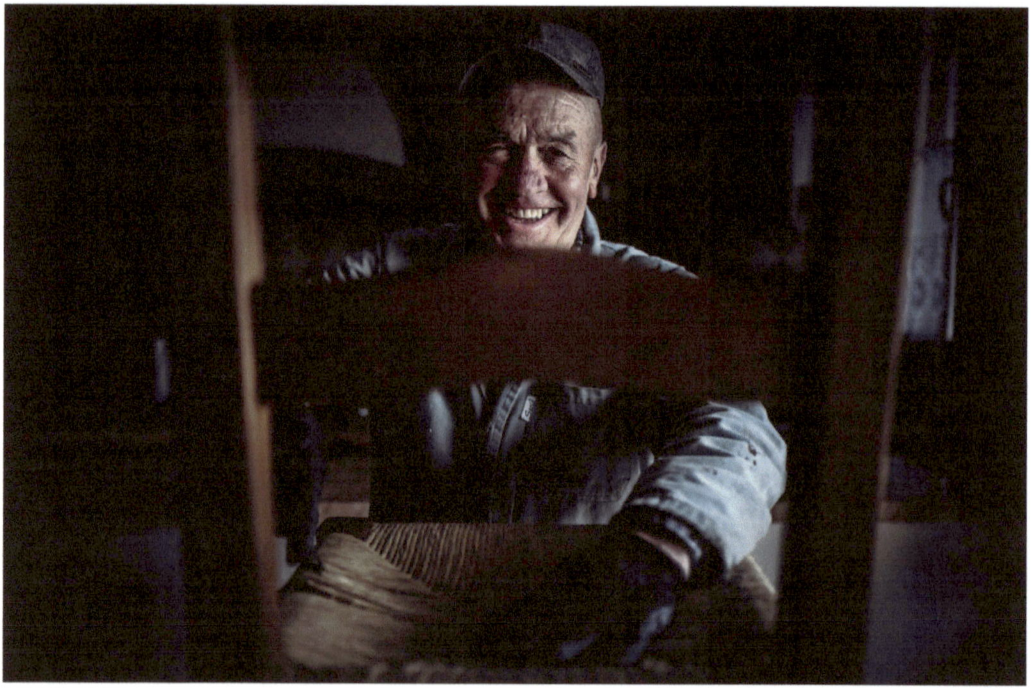

BERNARDO ED ELEONORA, CASARI

La tradizione antica dei casari, risalente alla civiltà sumera, si perpetua oggi con il rispetto delle metodologie tramandate nel tempo. Tra le competenze di un casaro vi sono la pesatura del latte, l'aggiunta del caglio, e le fasi di formatura, scrematura e burrificazione.

Diventare casaro può avvenire per tramandazione familiare o attraverso scuole e corsi di formazione, spesso finanziati dalle regioni stesse. Tuttavia, la volontà di preservare questa arte dipende dall'amore e dalla vocazione individuale nei confronti del mestiere, che al giorno d'oggi non sembra essere a rischio di estinzione. Bernardo ed Eleonora incarnano concretamente questa continuità, dimostrando che la passione e l'impegno individuale contribuiscono a mantenere viva un'antica tradizione.

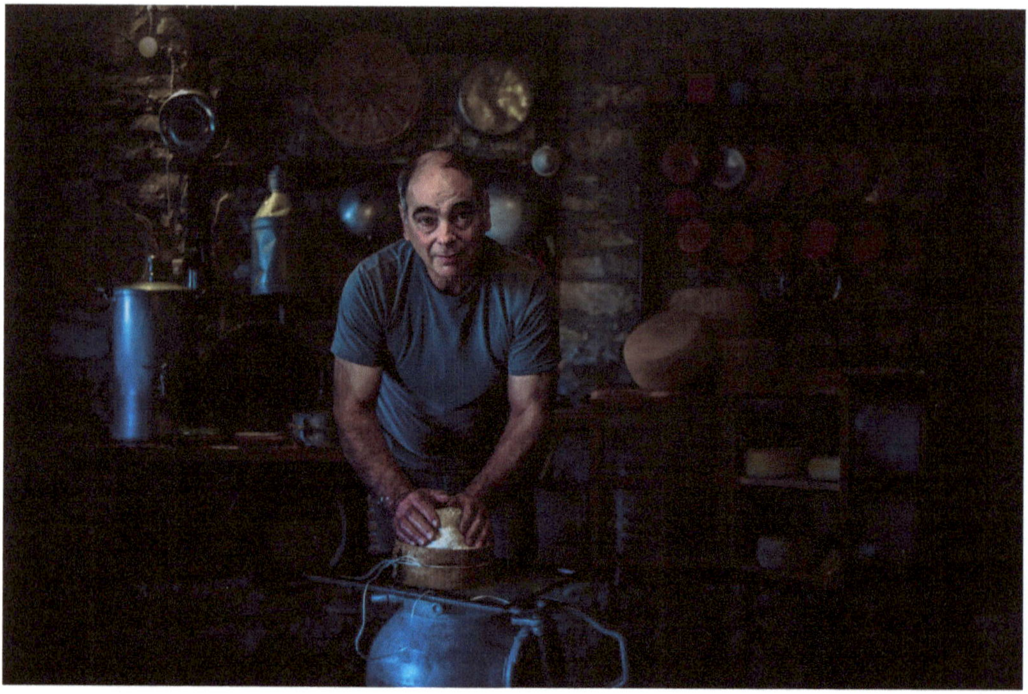

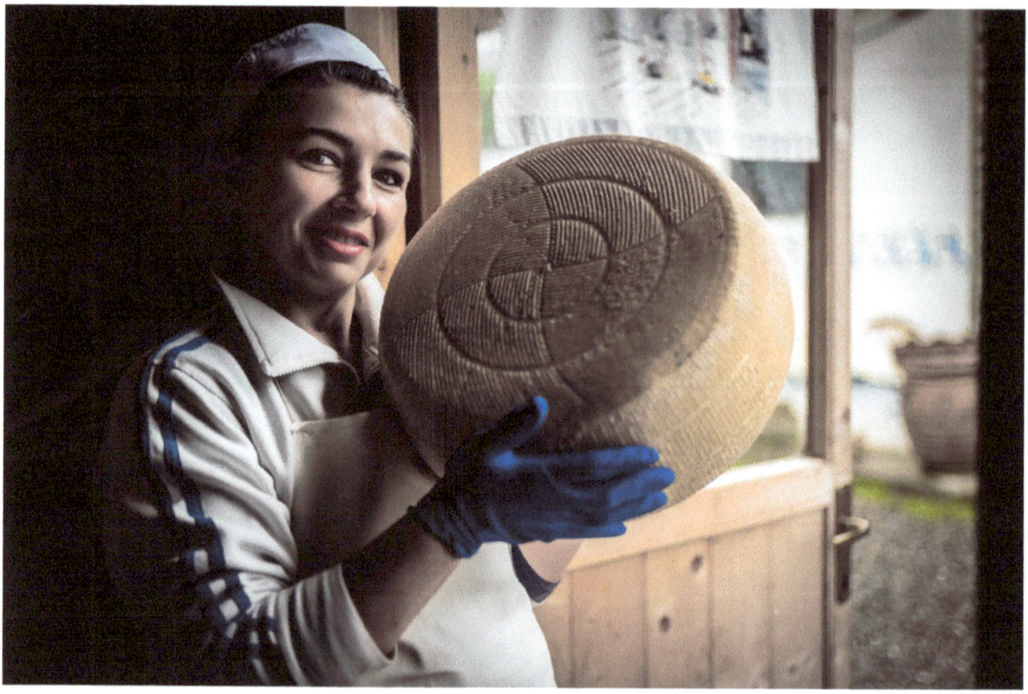

FABIO, MANISCALCO

Il successo delle auto e la meccanizzazione delle attività agricole, seguiti al secondo conflitto mondiale, hanno ridotto il ruolo del cavallo a compiti principalmente rappresentativi, considerandolo meno conveniente. Una volta impiegato nelle corse, nella produzione di carne e nell'estrazione di legna dai boschi, oggi il cavallo ha trovato nuova linfa nelle escursioni, permettendo di riscoprire la bellezza della natura. In Amiata, esistono luoghi dedicati esclusivamente a queste attività.

Essere maniscalco oggi, come lo era ieri, richiede abilità ed esperienza nel plasmare il ferro, adattandolo alle esigenze specifiche di ogni singolo animale per evitare problemi fisici sia all'animale che al proprietario. La passione di Fabio per questo mestiere è così intensa che ha scelto di insegnare l'arte del maniscalco e di metterla in pratica nella più celebre manifestazione equina d'Italia: il Palio di Siena.

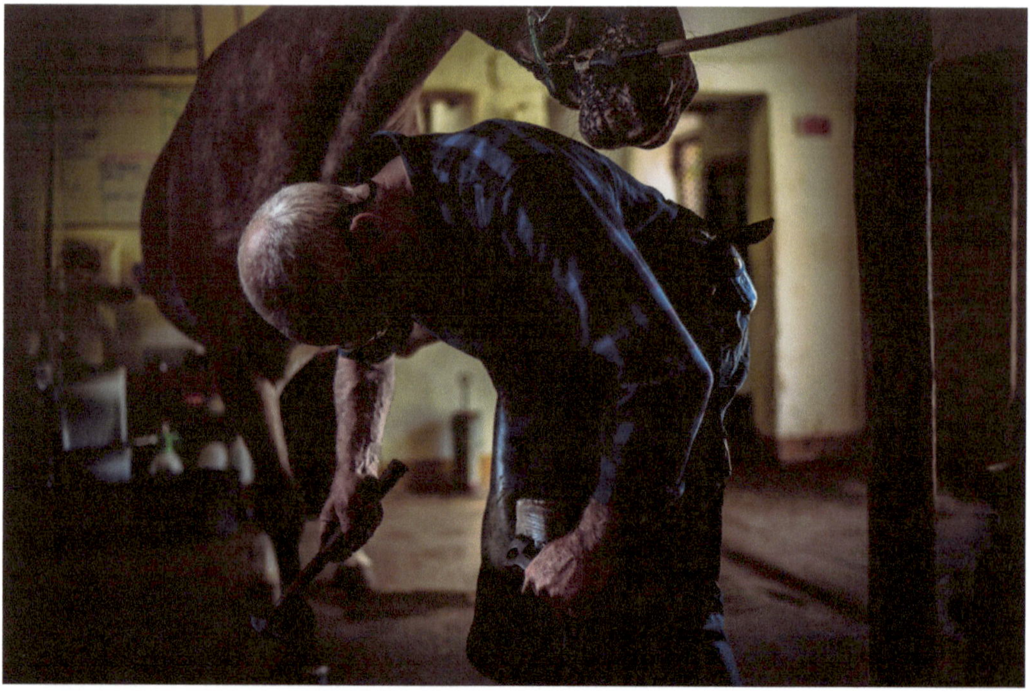

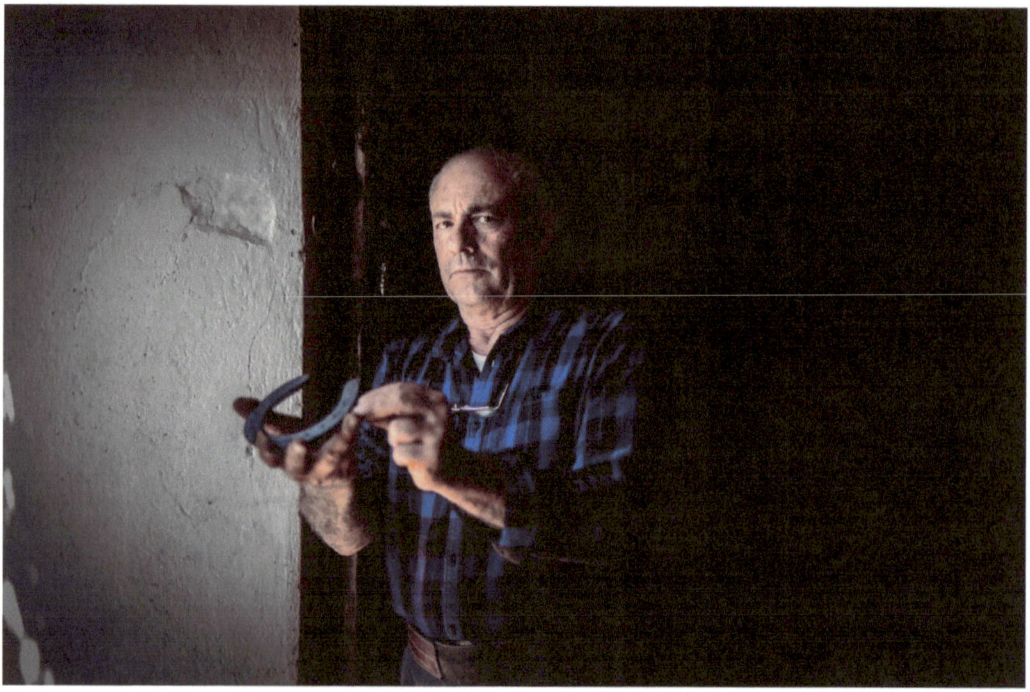

ROSSELLA E RICCARDO, ALPACA

Camelidi addomesticati per la produzione di lana, gli Alpaca sono affascinanti animali di origine incerta, allevati in Sud America fino a 5000 metri di altitudine. Grazie a Rossella e Riccardo, sull'Amiata, la loro lana diventa il prezioso materiale per creazioni artigianali, garantendo qualità superiore in termini di brillantezza e leggerezza. La lana degli Alpaca, priva di lanolina, non infeltrisce e non provoca allergie, presentando ben ventidue colorazioni naturali.

Questa coppia fiorentina, trasferitasi sull'antico vulcano, ha intuito il proprio destino durante una domenica mattina, casualmente, guardando un documentario in televisione. Da allora, con tenacia e dedizione, Rossella e Riccardo conducono in completa autonomia un antico mestiere: quello degli allevatori.

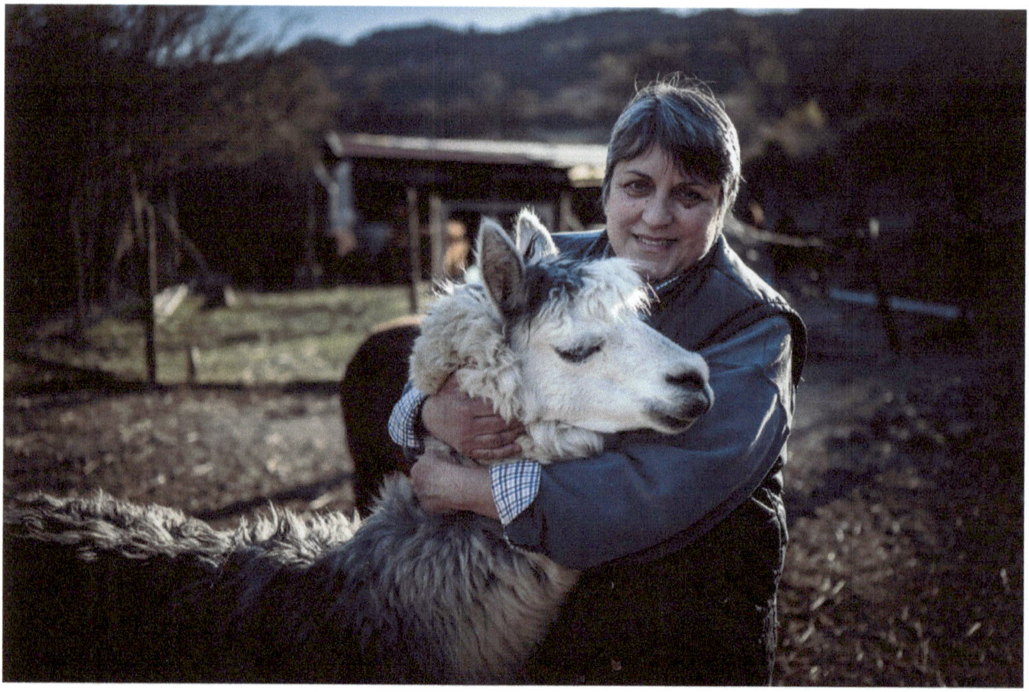

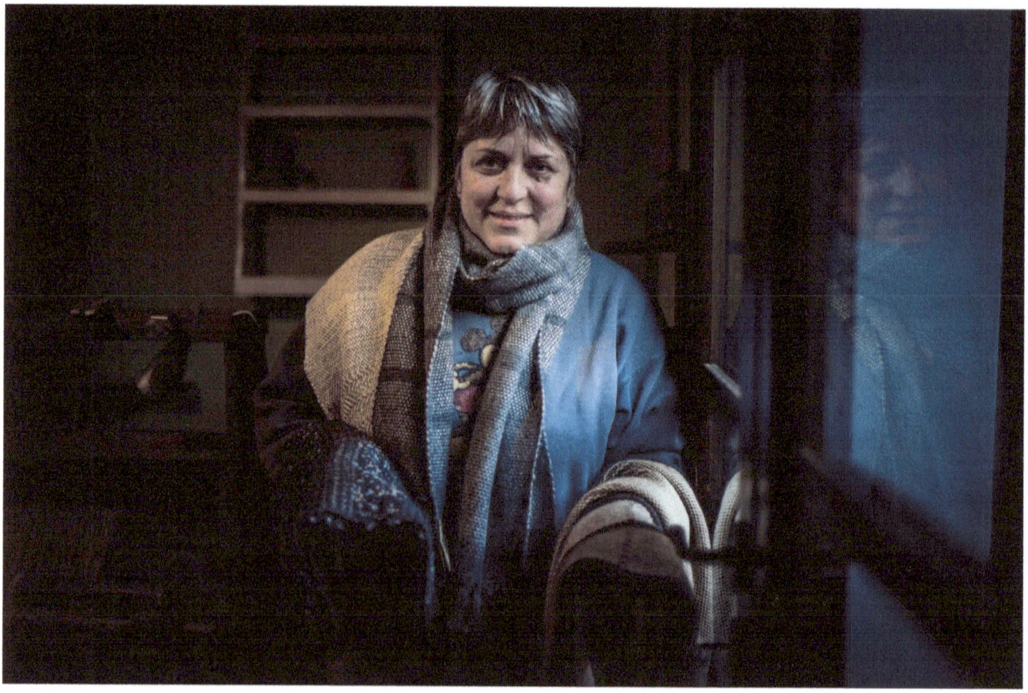

ALESSANDRO, INTAGLIATORE

L'ulivo ha radici profonde nella storia del Mediterraneo, simbolo di pace e fratellanza. Oggi, l'arte dell'intagliatore consente di trasformare questo albero in ciotole, vassoi, candelieri e vasi. Dopo il passaggio alla sega a nastro, il pezzo di ulivo sgrossato prende forma sul tornio, dando vita a oggetti unici attraverso una sapiente lavorazione manuale.

Nonostante il valore intrinseco di questo legno, l'ulivo è ancora sottoutilizzato nell'ambito dei mobili di alto valore artistico. Tuttavia, il mercato degli arredi, degli strumenti musicali, delle sculture, dei tagliacarte e degli utensili da cucina, tra gli altri, resta affascinante.

Il mestiere dell'intagliatore richiede tempo e una profonda vocazione, e il suo tramandamento rappresenta un impegno concreto. Alessandro, insieme al fratello e al padre, dimostra con la loro azienda specializzata che questa tradizione può prosperare attraverso la dedizione e la passione di generazione in generazione.

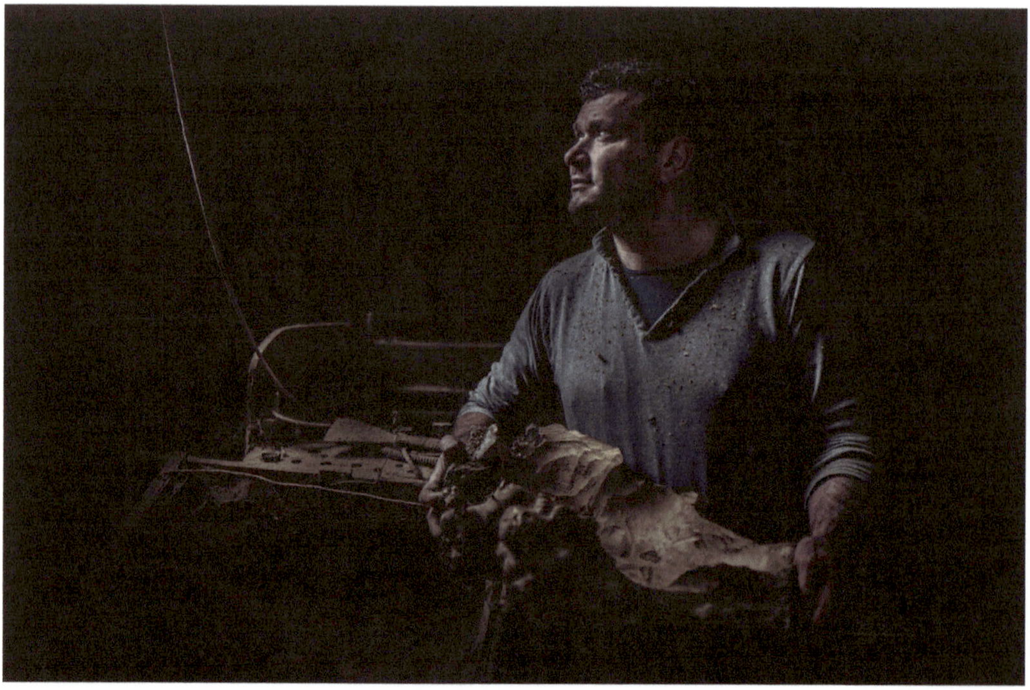

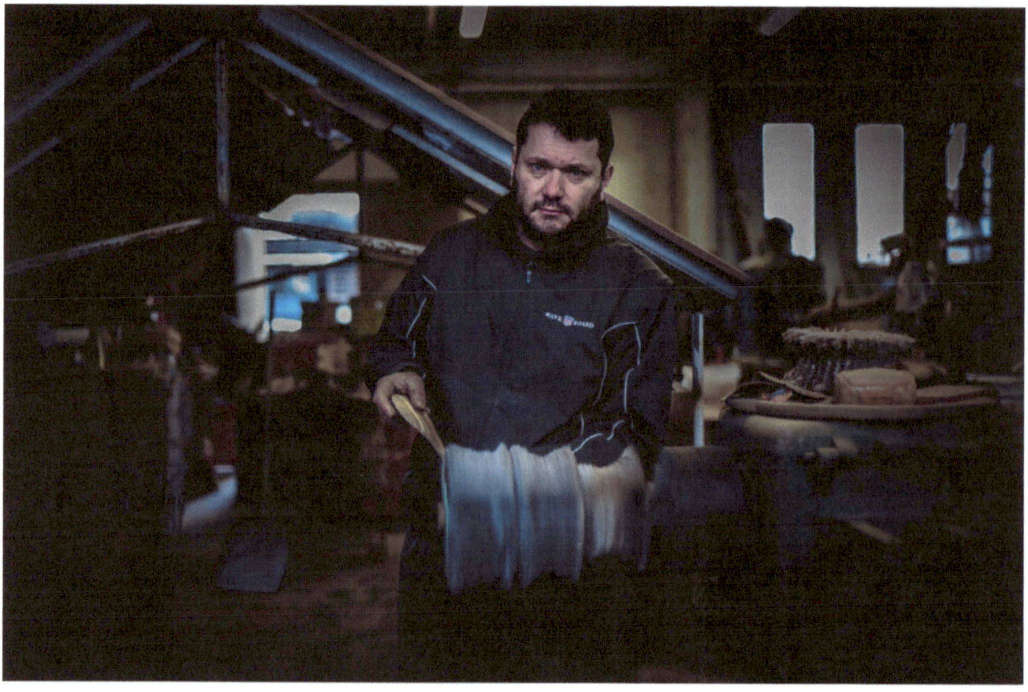

GIANCARLO, DISTILLATORE

Il termine "distillazione" evoca la "separazione goccia a goccia", una tecnica nota fin dal Medioevo e inizialmente applicata alla produzione di bevande alcoliche. Gli alchimisti, in cerca della "quinta essenza", utilizzarono questa pratica per isolare una sostanza che sfuggiva alla categorizzazione terrestre e ai quattro elementi noti: terra, fuoco, aria e acqua. Già nel 4000 a.C., gli egiziani distillavano il vino e il sidro per creare altre bevande alcoliche.

Oggi, la distillazione persiste in rari casi, spesso nell'ambito della produzione familiare di distillati. Come afferma Giancarlo con calma: "per regalarlo a qualche amico che passa a farmi visita". La creazione di un litro di grappa richiede oltre tre ore e cinquanta litri di vino, sottolineando l'artigianalità e la dedizione coinvolte in questo antico processo.

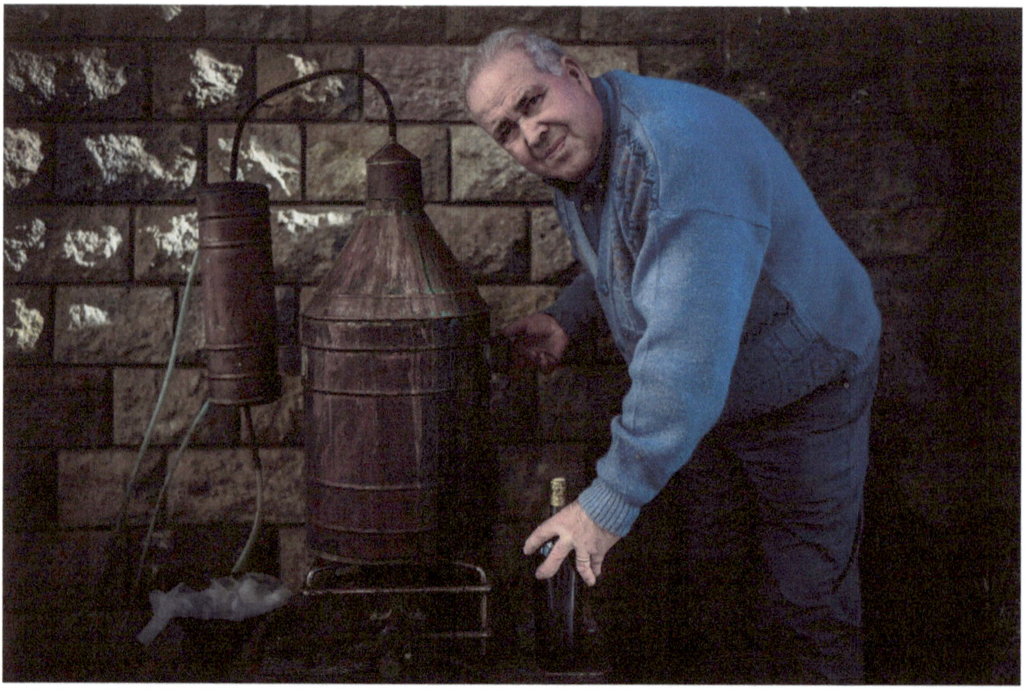

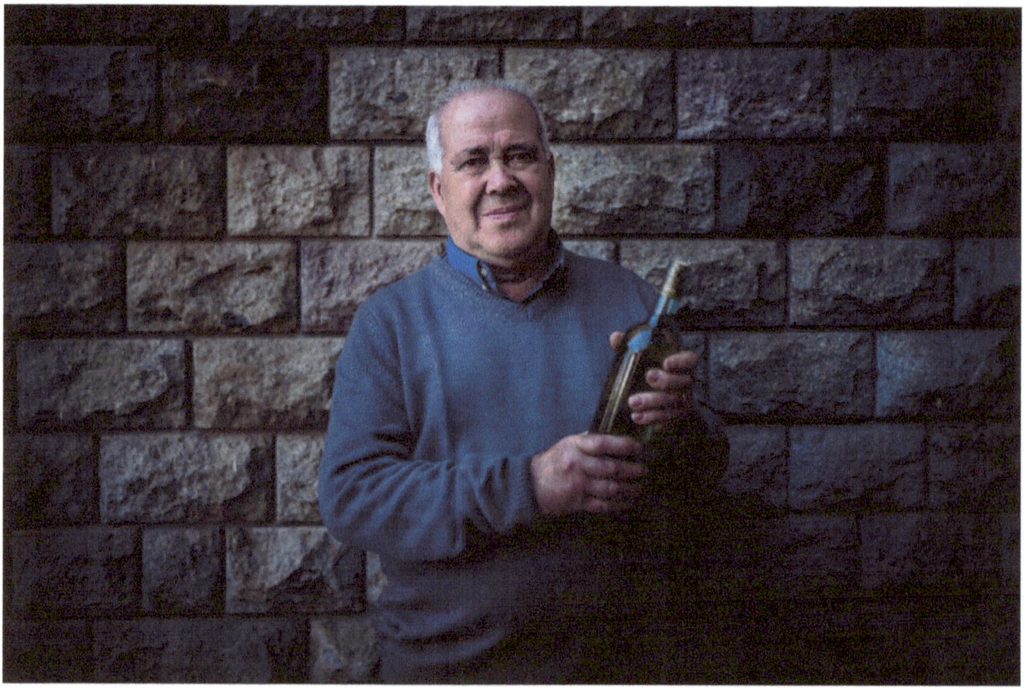

ALESSANDRO, SCALPELLINO

Definito spesso uno scultore senza arte, lo scalpellino svolge, invece, un mestiere affascinante e impegnativo, spesso sottovalutato ma ricco di aneddoti.

Passiamo regolarmente davanti a portali di pietra finemente lavorata, arricchiti da rilievi e colonne dai capitelli cesellati, elementi che non solo abbelliscono, ma determinano l'armonia e la bellezza dell'intero contesto urbano. Pensiamo ai davanzali, alle cornici delle finestre, alle soglie delle porte, ai gradini e alle balaustre. Il lavoro dello scalpellino è onnipresente, sotto gli occhi di tutti noi e spesso sotto i nostri piedi. È fondamentale apprezzare la grandezza di questo mestiere che da secoli ci circonda.

Nonostante il numero di scalpellini sia ridotto e molti si accontentino di piccole commissioni, Alessandro continua instancabilmente a collaborare con i comuni amiatini, preservando e valorizzando la pietra del monte, di cui è innamorato.

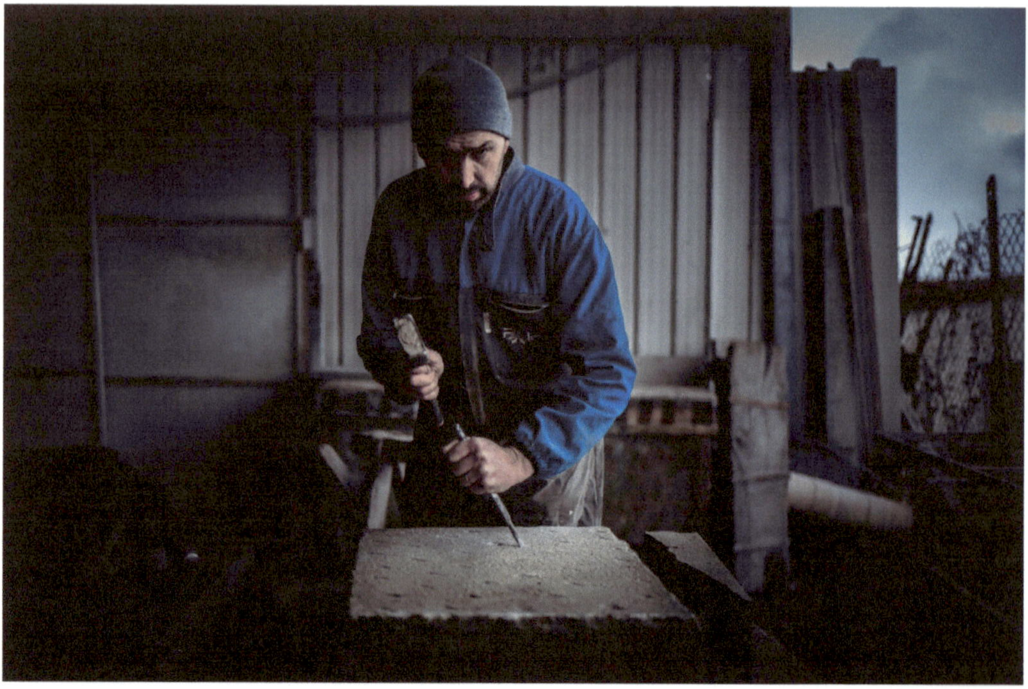

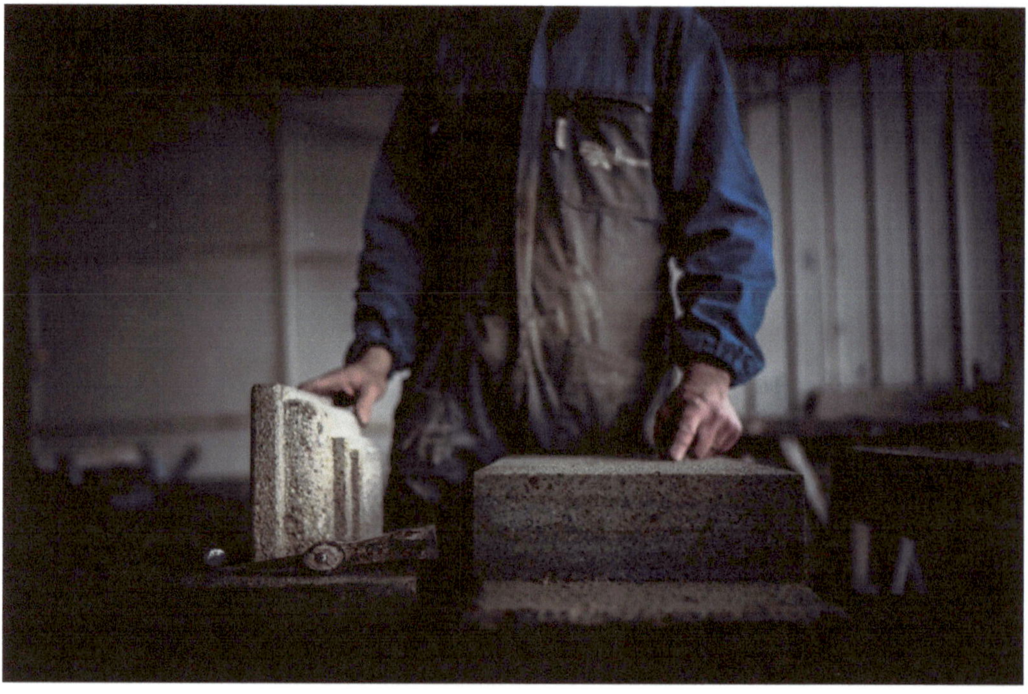

DUILIO, FABBRO

Il mestiere del fabbro, antico ma ancora ricco di opportunità, si manifesta nell'abilità di plasmare il metallo, riscaldandolo fino a renderlo incandescente e successivamente forgiandolo quando è in uno stato non liquido.

Prima dell'avvento della rivoluzione industriale, la fucina rappresentava il cuore di ogni città, ma le tecniche di produzione di massa hanno ridotto la presenza dei fabbri. La figura del fabbro persiste soprattutto nei luoghi dove la richiesta di lavoro artigianale tradizionale è ancora viva.

Duilio, prossimo alla pensione, riconosce che oggi i clienti sono meno propensi a investire in realizzazioni uniche e artigianali, prediligendo prodotti in serie senza quella peculiare anima che caratterizza il lavoro artigianale.

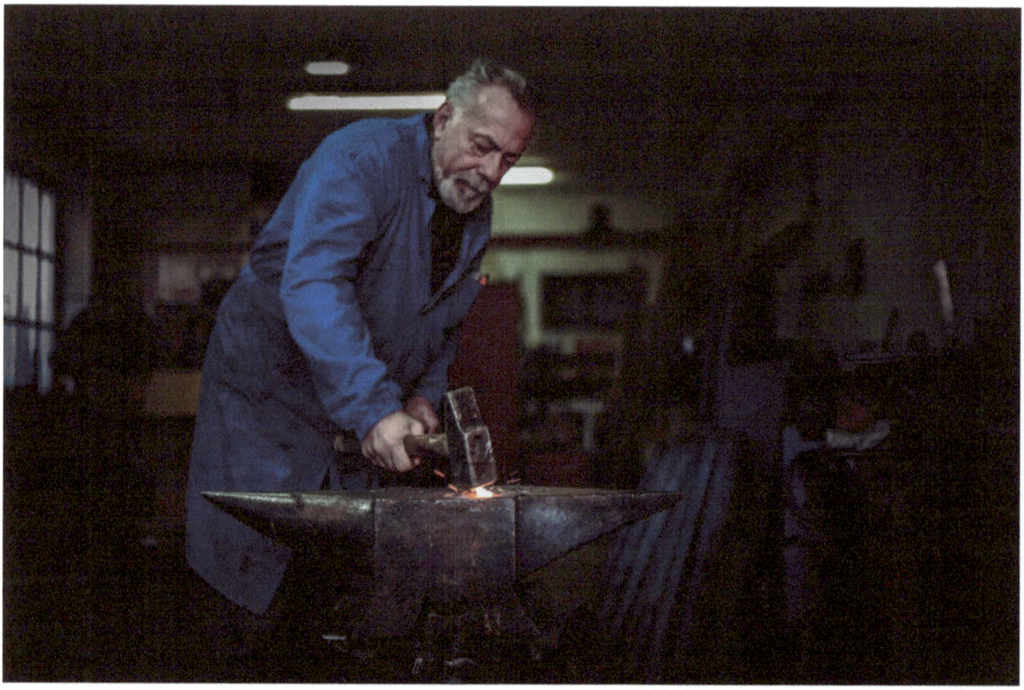

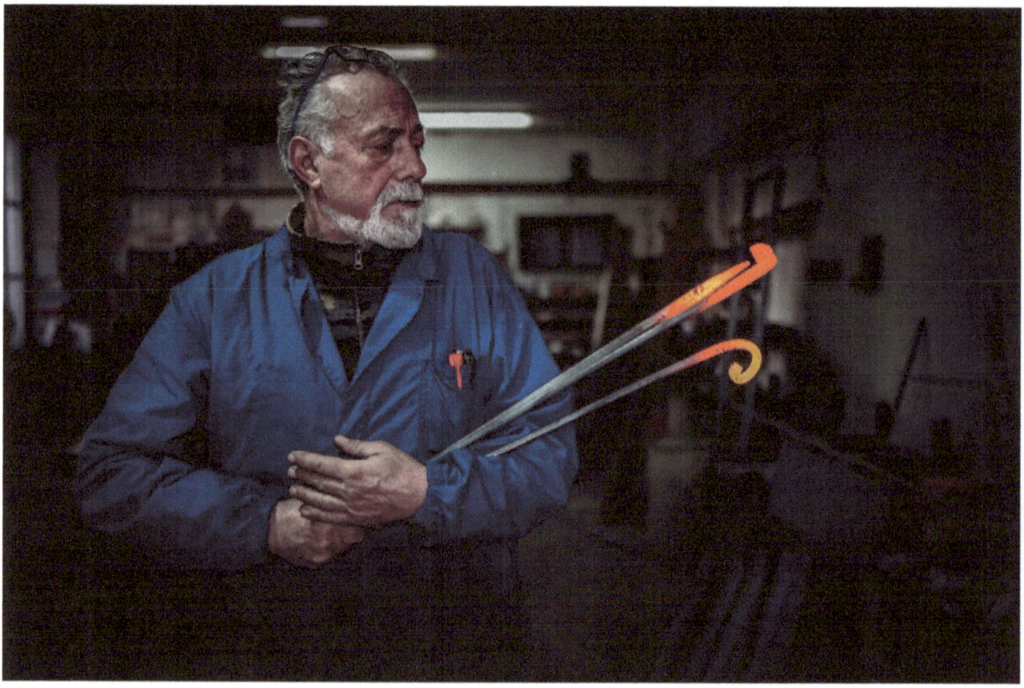

CLAUDIO, SPAZZACAMINO

Lo spazzacamino è una professione con una lunga storia che nel corso del tempo ha subìto notevoli evoluzioni. Originariamente svolto principalmente da bambini, mendicanti o orfani, il mestiere richiedeva agilità per accedere agevolmente alle canne fumarie e pulirle.

Oggi, con l'ampio utilizzo di impianti di riscaldamento alimentati a biomasse legnose, assistiamo a un inaspettato ritorno di questa figura che nel nostro immaginario appare a tratti romantica e nostalgica. Claudio rappresenta un esempio tangibile di come una professione così antica riesca a sopravvivere ancora oggi, come lui stesso afferma, "per necessità, virtù".

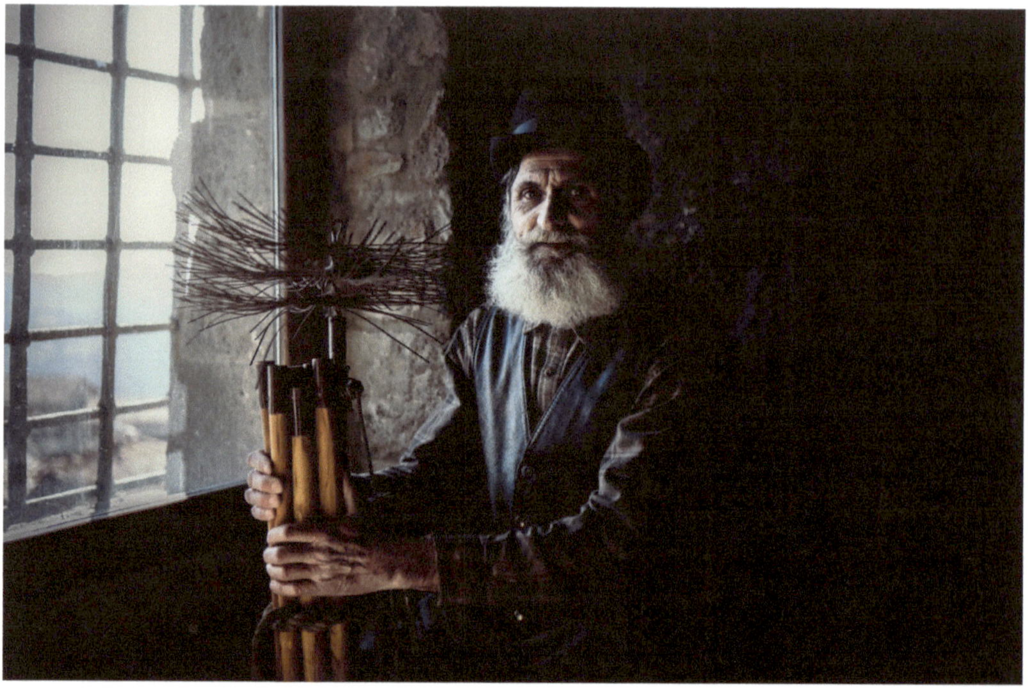

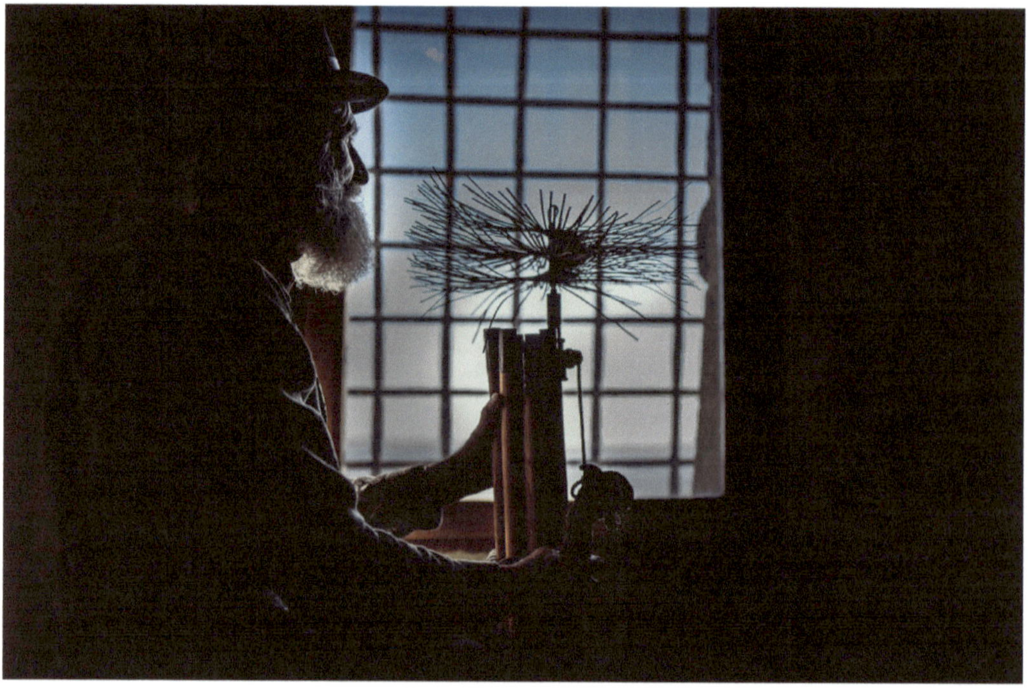

ERMINIO, CESELLATORE

L'arte dello sbalzo e del cesello è una pratica nobile e antica, risalente agli Egizi, ai Cretesi, ai Greci e ai Romani. Ogni cesellatore costruisce i propri attrezzi in base alle esigenze del momento, rendendoli personali ed unici. Un abile cesellatore deve innanzitutto essere un bravo disegnatore, ampliando così le infinite possibilità di realizzazione con la tecnica dello sbalzo e del cesello.

Questa forma d'arte diventa quindi un mezzo di espressione interiore, plasmando la bellezza e l'armonia che risiedono in ognuno di noi. Sebbene sia un mestiere faticoso, la sua indispensabilità nel contesto orafo è evidente, ed Erminio, artista meticoloso e appassionato, lo porta avanti con una passione estremamente contagiosa.

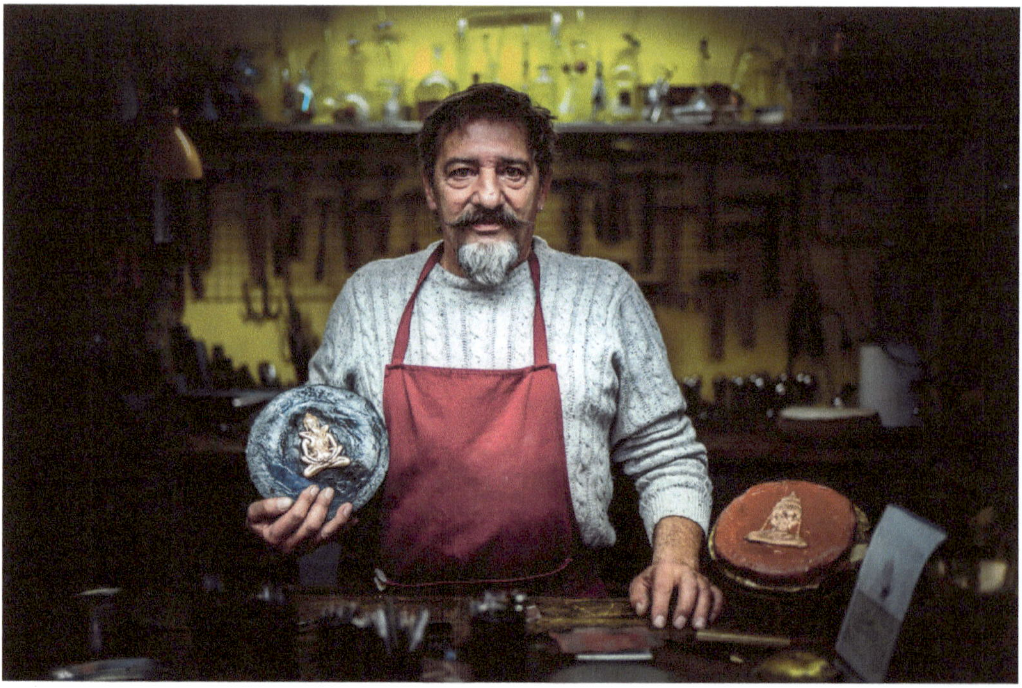

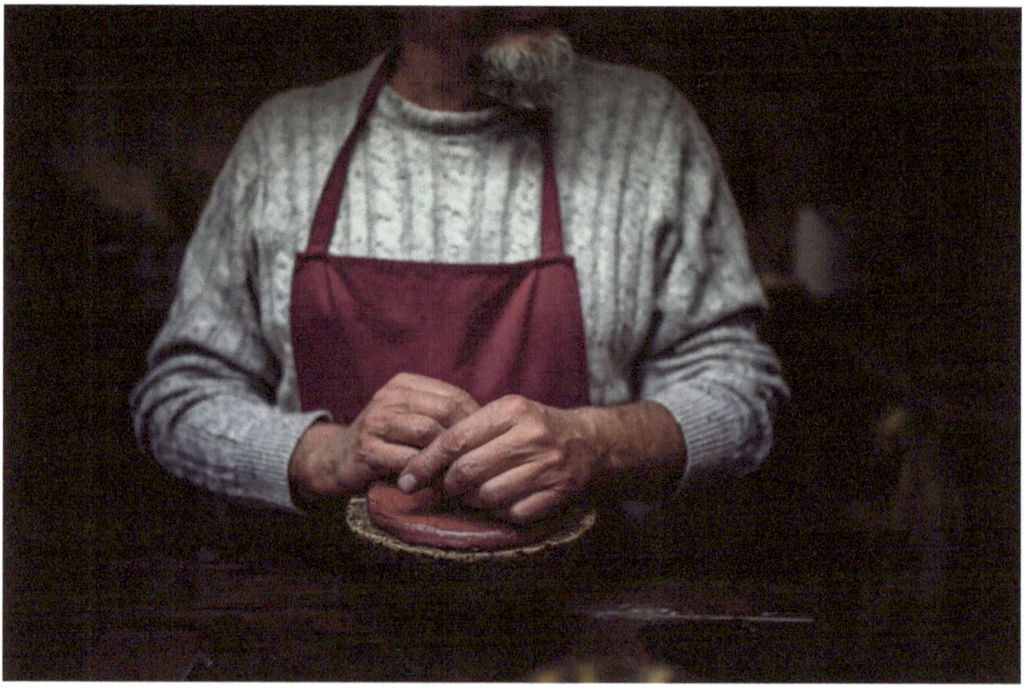

SIMONETTA, ORAFA

Un mestiere dall'antica tradizione, che si perde nella notte dei tempi e giunge fino a noi non solo per motivi pratici, ma spesso legati a vanità e all'ostentazione delle proprie ricchezze. La lavorazione dell'oro, uno dei primi metalli utilizzati per le sue doti di indistruttibilità e malleabilità, ha conservato la sua essenza nel corso dei secoli.

L'oreficeria riflette i cambiamenti epocali e, al giorno d'oggi, non si rivolge più a una nicchia di persone, ma cerca la massificazione nel tentativo di preservare la sua artigianalità esclusiva. Simonetta sostiene che "dobbiamo combattere con il bello", affermando che "il mondo ha bisogno di cose belle", svincolando così una materia prima preziosa da un concetto opulento e riportandolo alla portata di tutti. O quasi.

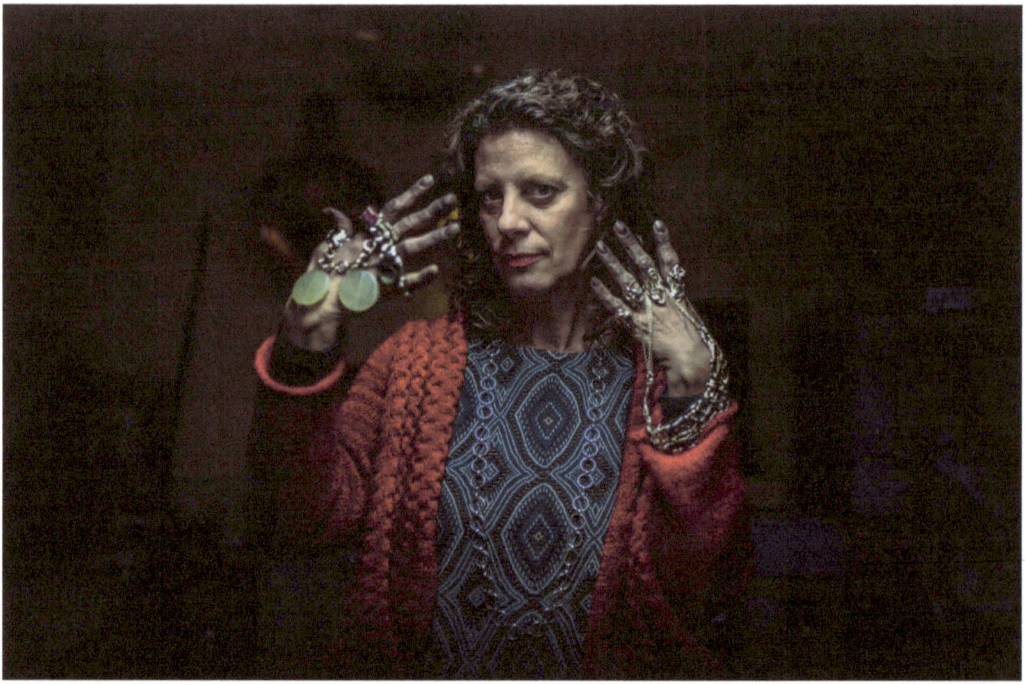

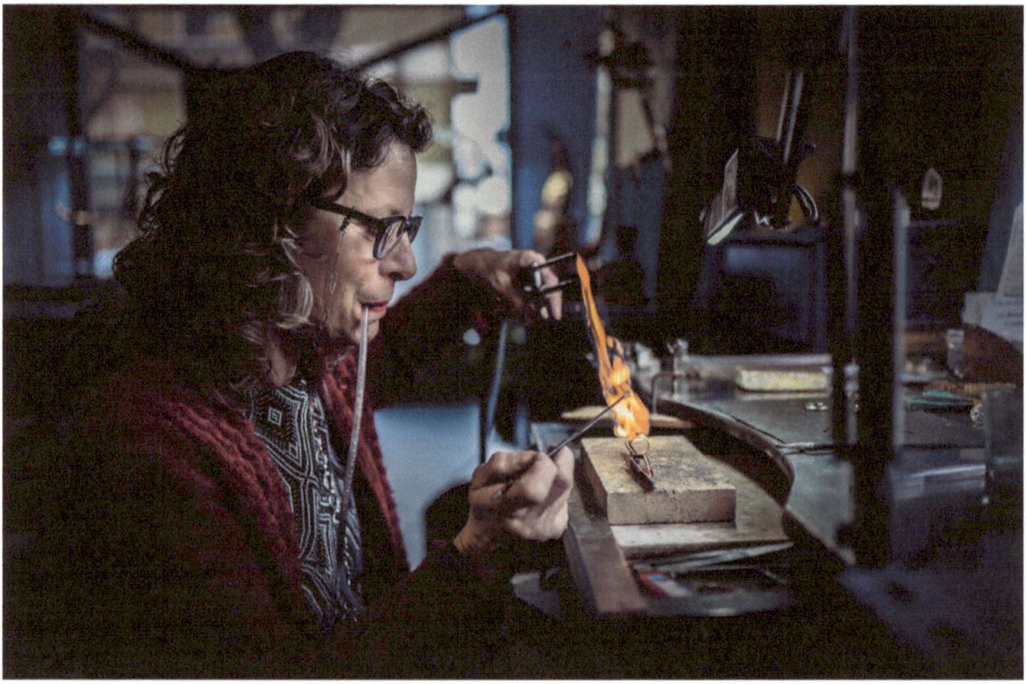

GUIDO, PIETRO E GIUSEPPE, MINATORI

"Ci si alzava alle sei e si tornava alle quattro". "C'era più fratellanza e coinvolgimento, perché la tua vita è legata a me e la mia a te". Così Guido, Pietro e Giuseppe ci conducono in un viaggio nel passato, nelle profondità della miniera, tra ascensori, un sole che non c'era e l'odore di acetilene.

Per circa un secolo, l'Amiata ha ospitato un'intensa attività di estrazione industriale di cinabro, il solfuro da cui si ricavava il mercurio. Un lavoro difficile, certamente mutato nel corso del tempo, ma mai privo di pericoli.

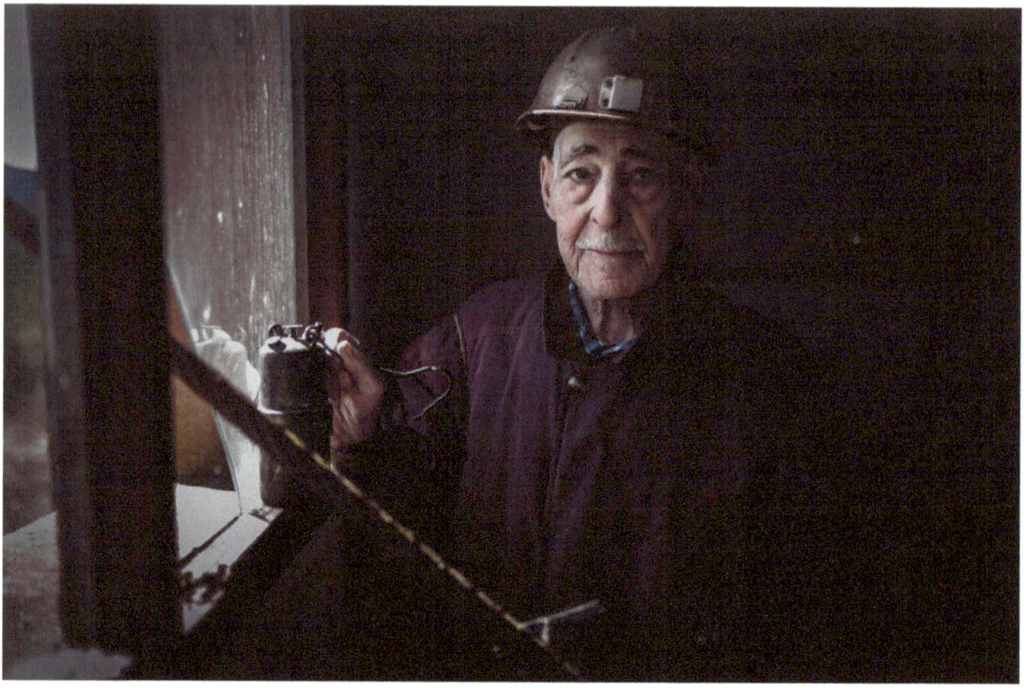

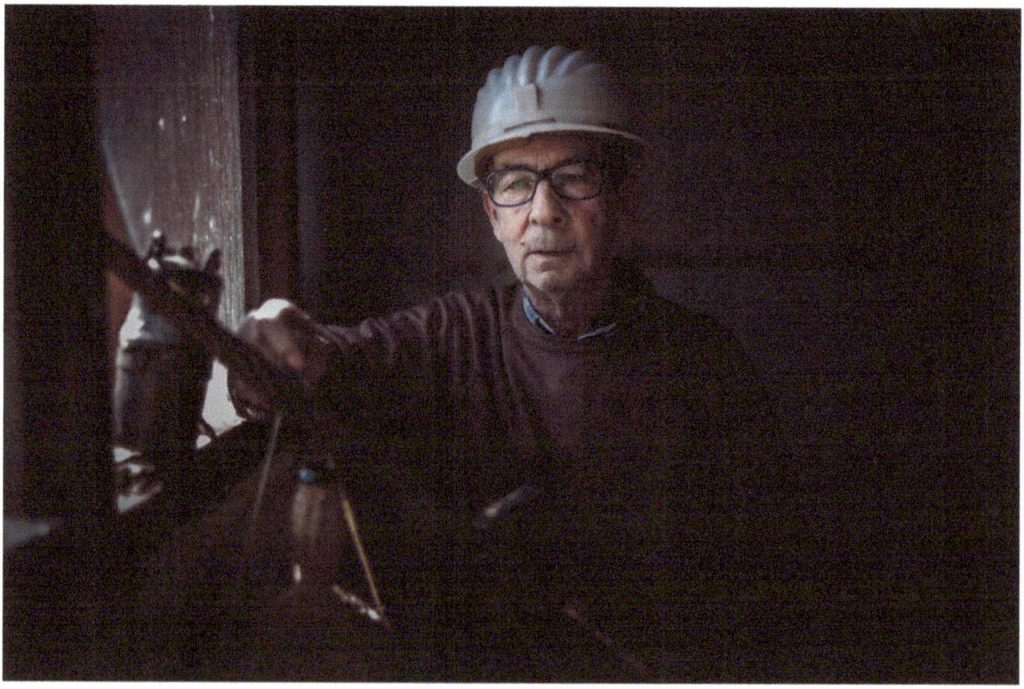

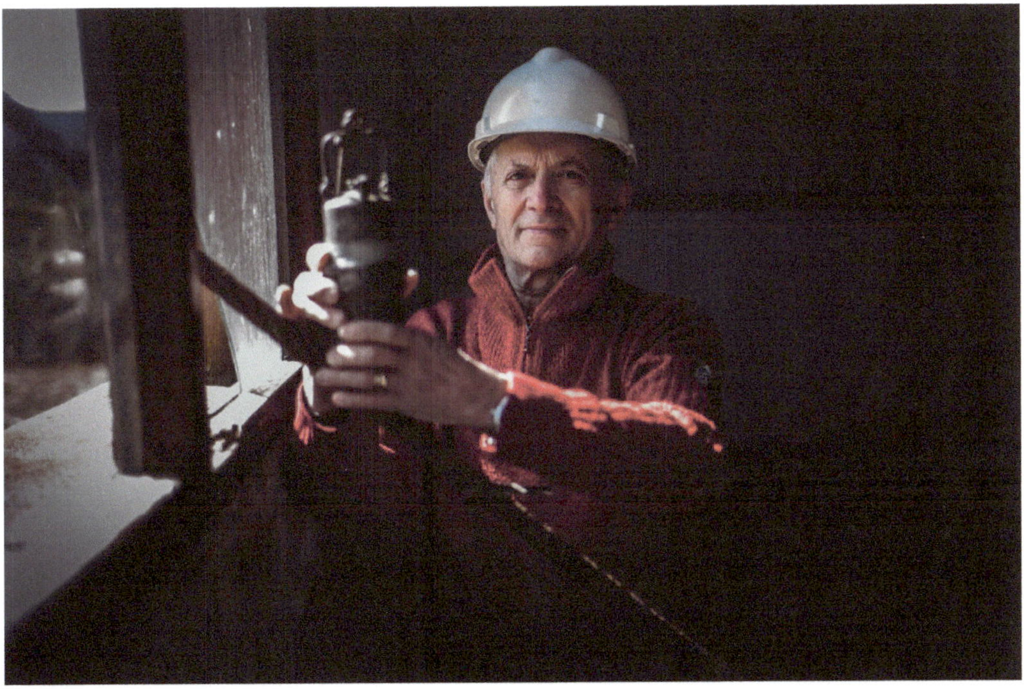

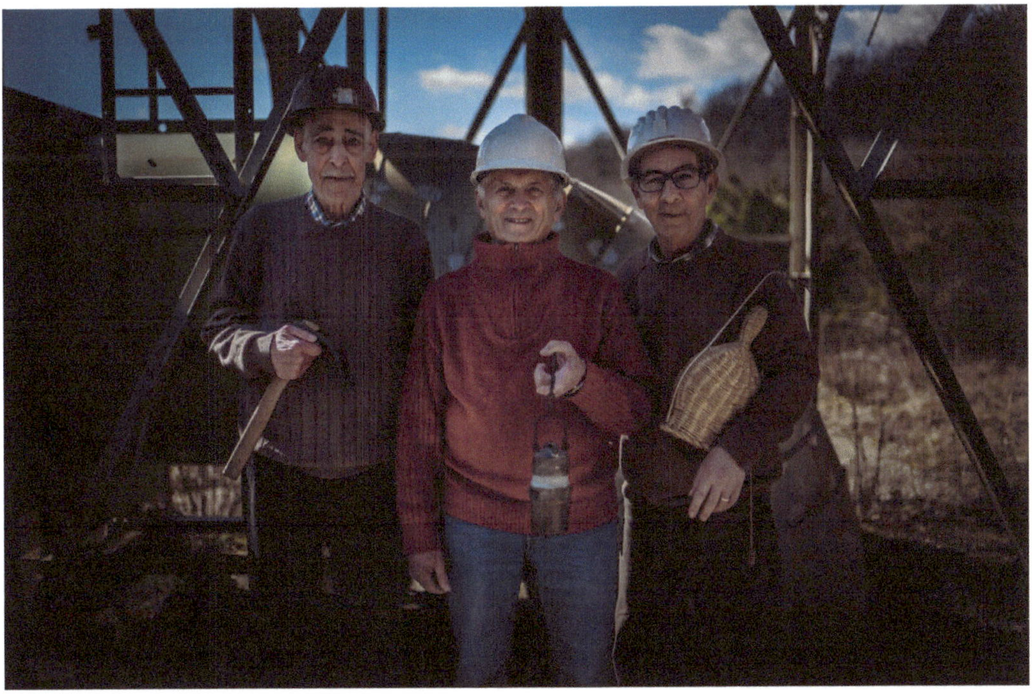

BARBARA, CERAMISTA

"Quello che hai dentro si rilette su quello che fai. Quello che siamo noi si rispecchia nelle ceramiche". Così si presenta Barbara, ceramista professionista e appassionata da anni.

La ceramica, con origini lontane e una storia estremamente lunga, si distingue dalla terracotta perché quest'ultima non è dipinta. Questa differenza evidenzia l'evoluzione della ceramica, trasformandola da uno strumento pratico a un oggetto decorativo capace di rappresentare uno status sociale e narrare una storia.

Nel corso del tempo, nuove e migliori tecniche di lavorazione sono state scoperte, intensificando la qualità delle decorazioni fino ad arrivare agli elaborati manufatti contemporanei. È questa costante evoluzione che mantiene vivo l'antico mestiere del ceramista.

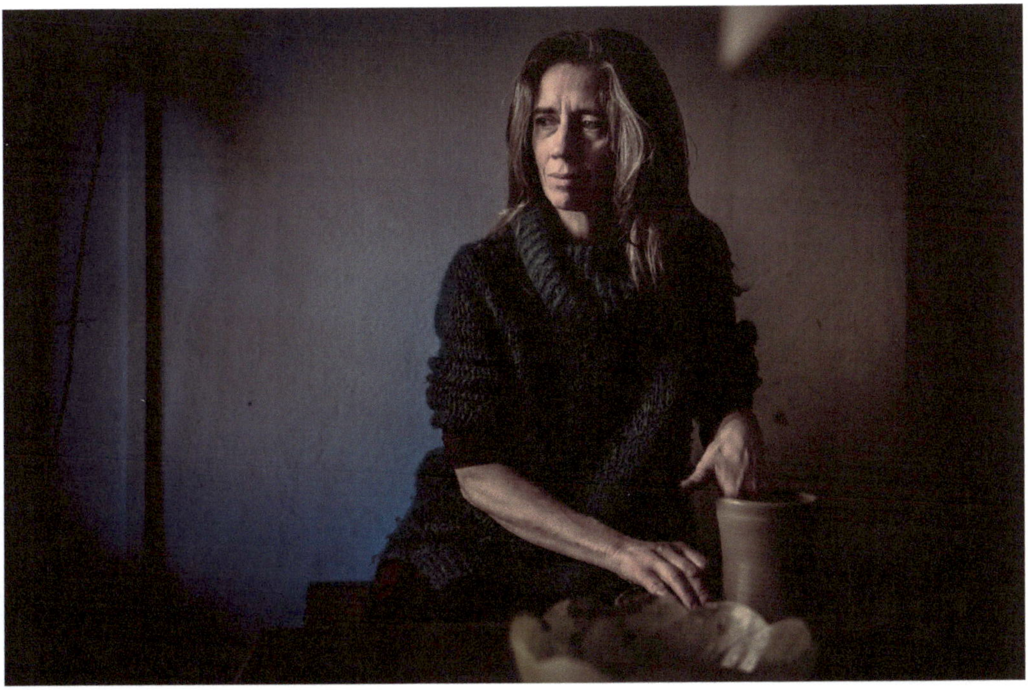

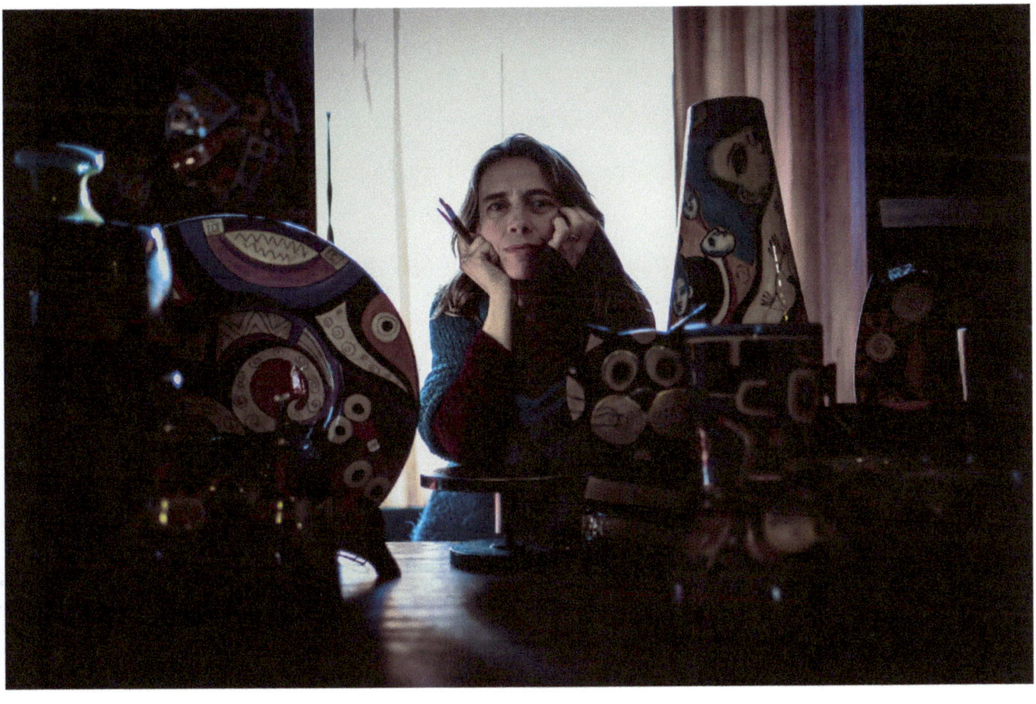

CARLO, RESTAURATORE

Restaurare significa ridare splendore alle opere che hanno attraversato i secoli e ne portano i segni. Il restauratore è un abile artigiano che si prende cura delle opere antiche, ripristinandone l'aspetto estetico originario nel rispetto della collocazione storica e dei valori artistici.

Questo mestiere affascinante richiede grande passione per l'arte e l'antichità, oltre a una buona manualità, senso artistico e una profonda conoscenza dell'arte e dei diversi materiali. Carlo, che pratica questo mestiere da cinquant'anni e lo ha trasmesso alle figlie, predilige l'uso di prodotti naturali quando possibile e arriva persino a produrre in autonomia la gomma lacca.

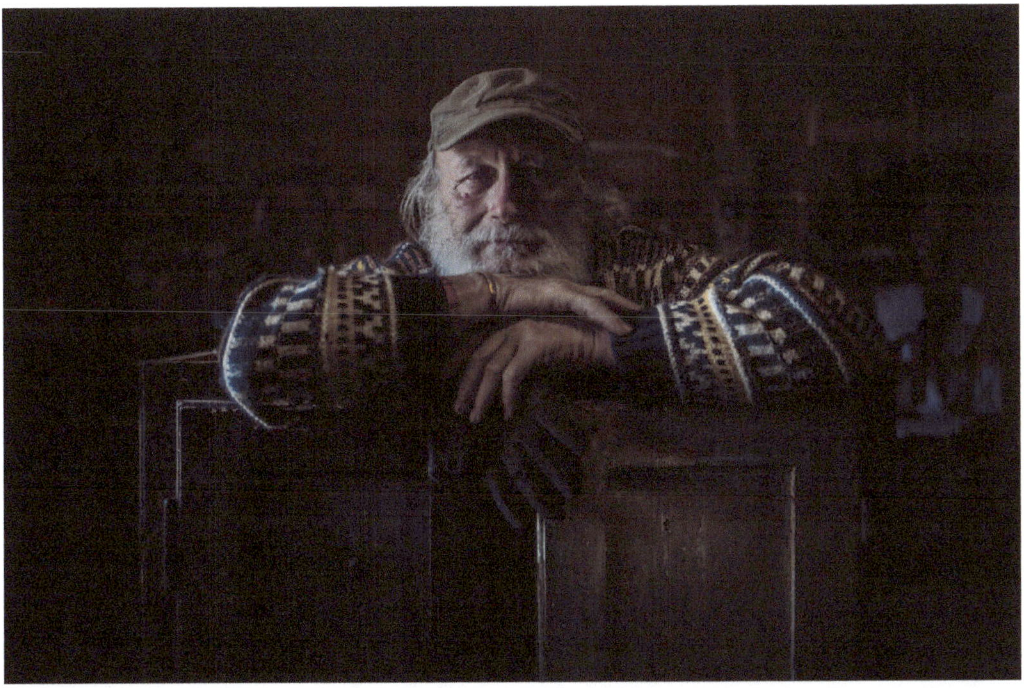

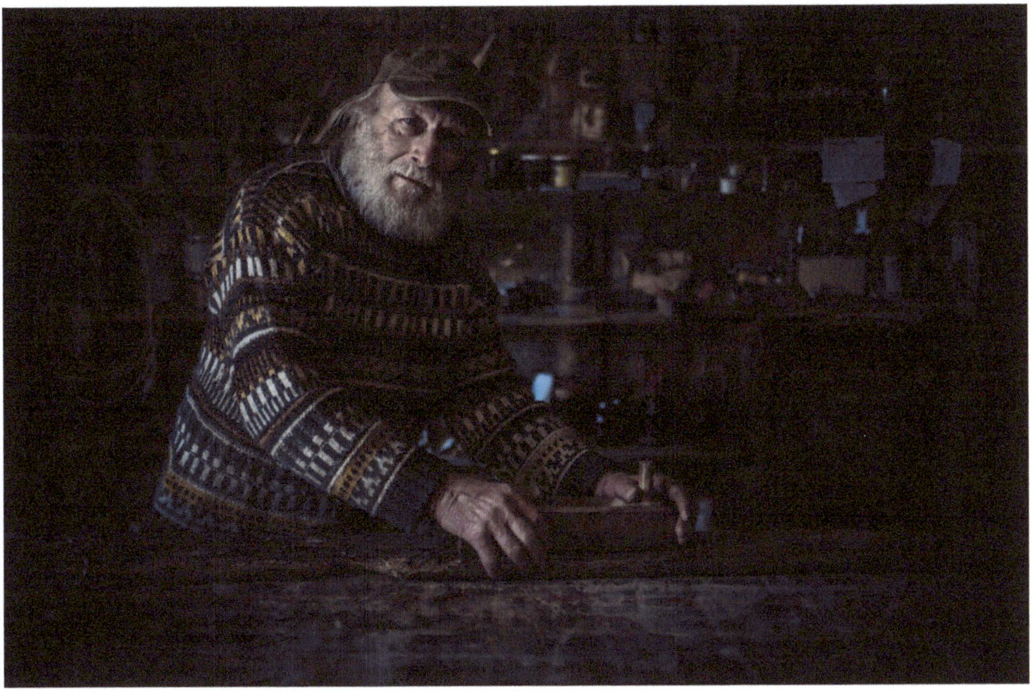

MANILA, DECORATRICE

La pittura è stata la pratica espressiva più diffusa dalla preistoria fino al mondo contemporaneo. I suoi strumenti sono i pennelli, mentre la sua vocazione è caratterizzata da pazienza. Manila, tornata nella sua terra d'origine dopo una lunga assenza, dedica il suo talento alla decorazione di ceramiche artistiche ornamentali.

Queste opere sono strettamente connesse al territorio dell'Amiata e della Val D'Orcia, una zona che Manila ama profondamente, affermando che "le cose, quando le hai sott'occhio, non le apprezzi come quando ti allontani".

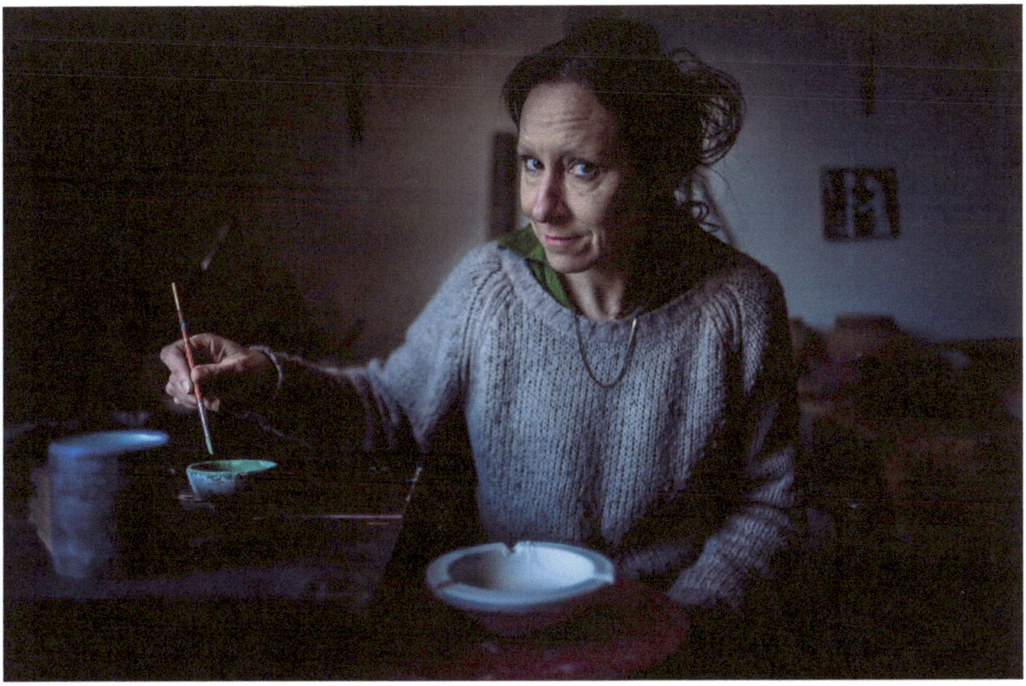

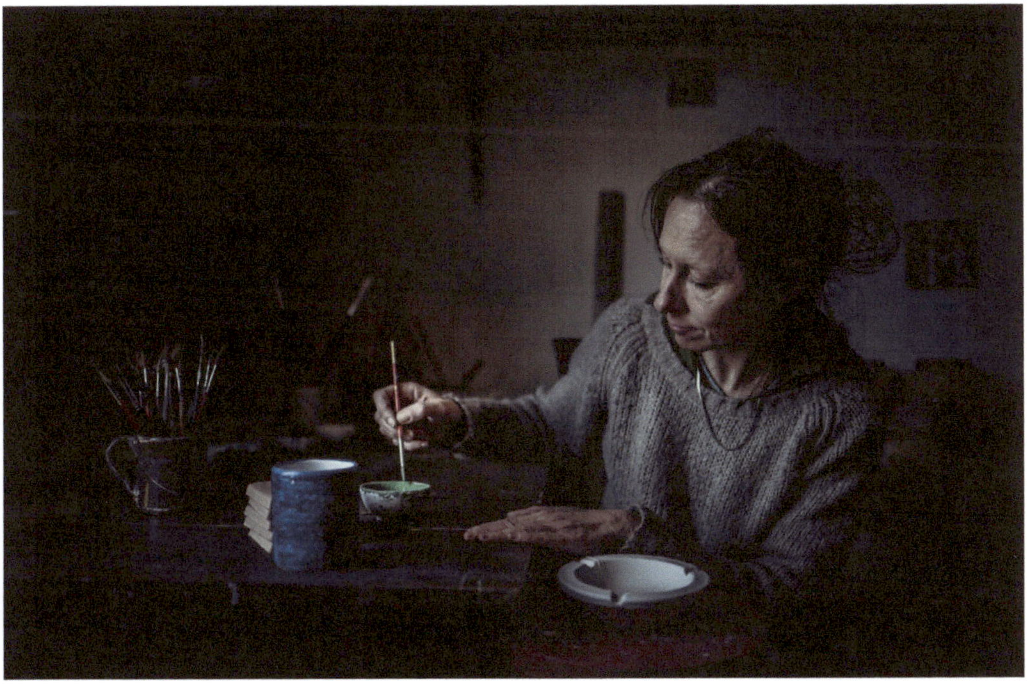

LUCIANO, ASINO AMIATINO

L'asino "amiatino" è una razza antica, riconoscibile dal mantello che riporta una croce scapolare. Originaria della zona del Monte Amiata, prende il nome da questa terra dove era utilizzata come bestia da soma, da tiro e da cavalcatura. Tuttavia, negli anni Ottanta, la razza è stata dichiarata a rischio di estinzione, e al tempo solo due esemplari di questo "Ciuco Amiatino" erano rimasti.

Luciano ha assunto l'importante compito di preservare la razza e oggi ha contribuito a ripopolare il Monte Amiata con oltre sessanta di questi asini. Il loro ruolo va oltre l'allevamento, essendo impiegati in escursioni someggiate, nell'onoterapia e più in generale nella pet therapy. Nonostante gli sforzi locali, l'asino amiatino continua a essere a rischio di estinzione anche oggi.

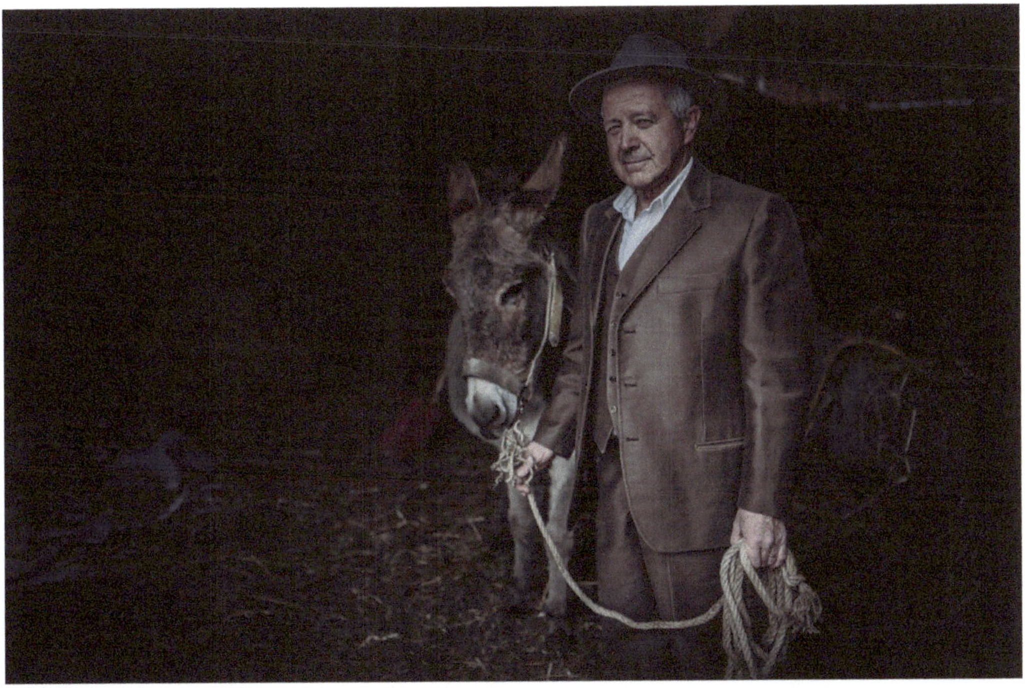

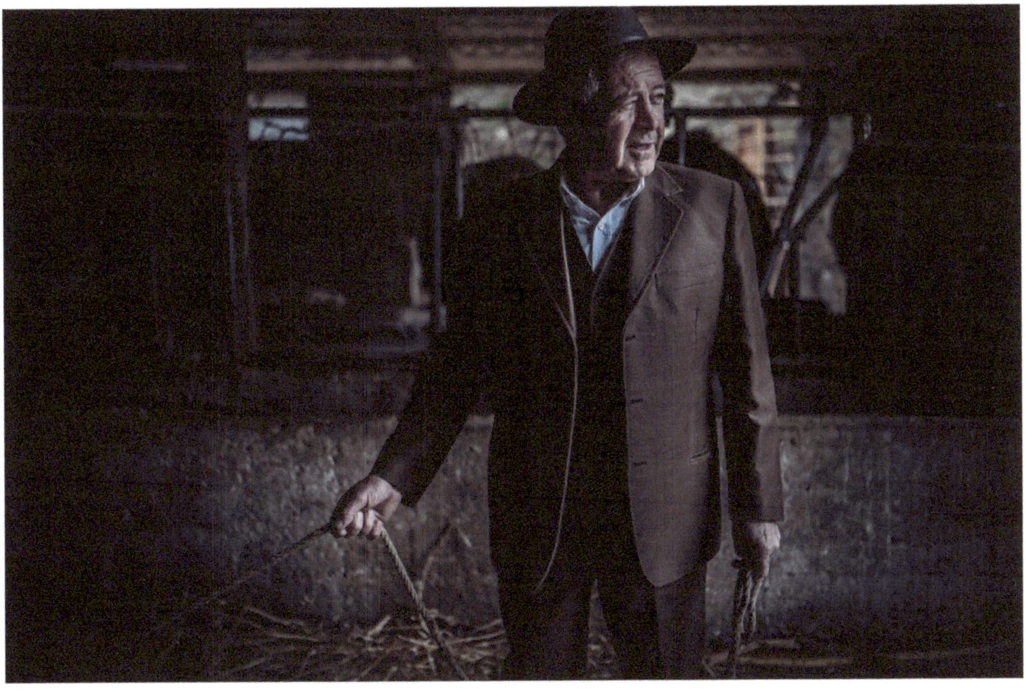

ALESSANDRO, OROLOGIAIO

La figura dell'orologiaio ha origini che risalgono approssimativamente al Medioevo, contemporaneamente alla nascita dell'orologio meccanico.

Oggi, lavorare con le lancette significa principalmente dedicarsi alla "riparazione". Sebbene sia un mestiere di antica tradizione, il settore tecnico è stato a lungo sottovalutato, con maestri di bottega che hanno disperso il mestiere, chiuso le attività e senza successori.

Alessandro ci conduce di fronte a un orologio che per anni ha scandito i rintocchi della vita di un paese amiatino e confessa che, dati i tempi attuali, "preferisce smettere piuttosto che consumare queste tradizioni".

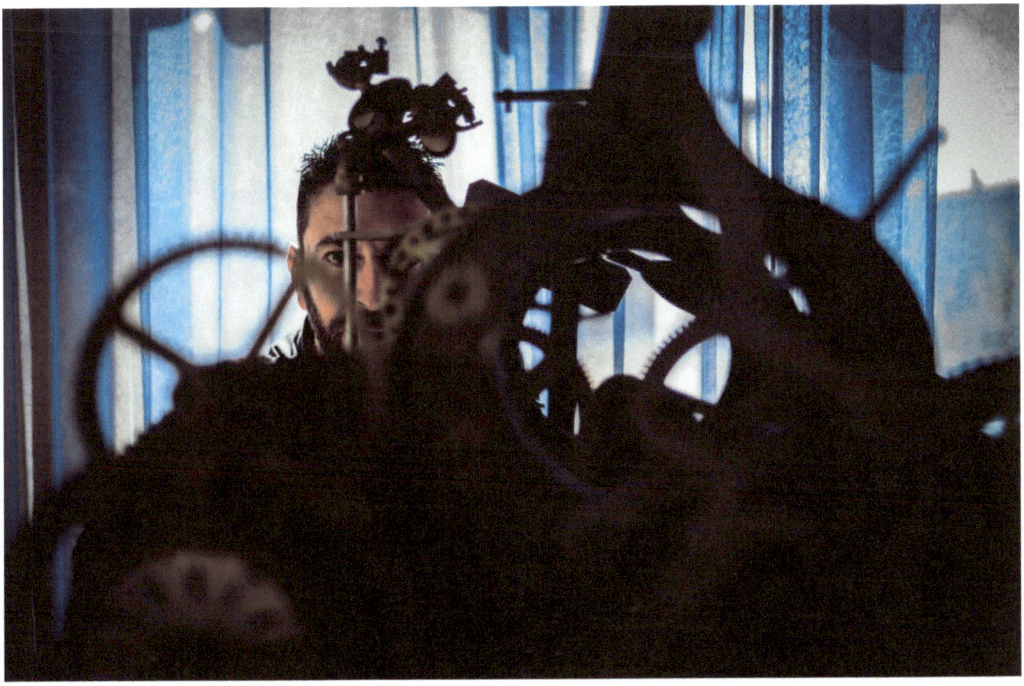

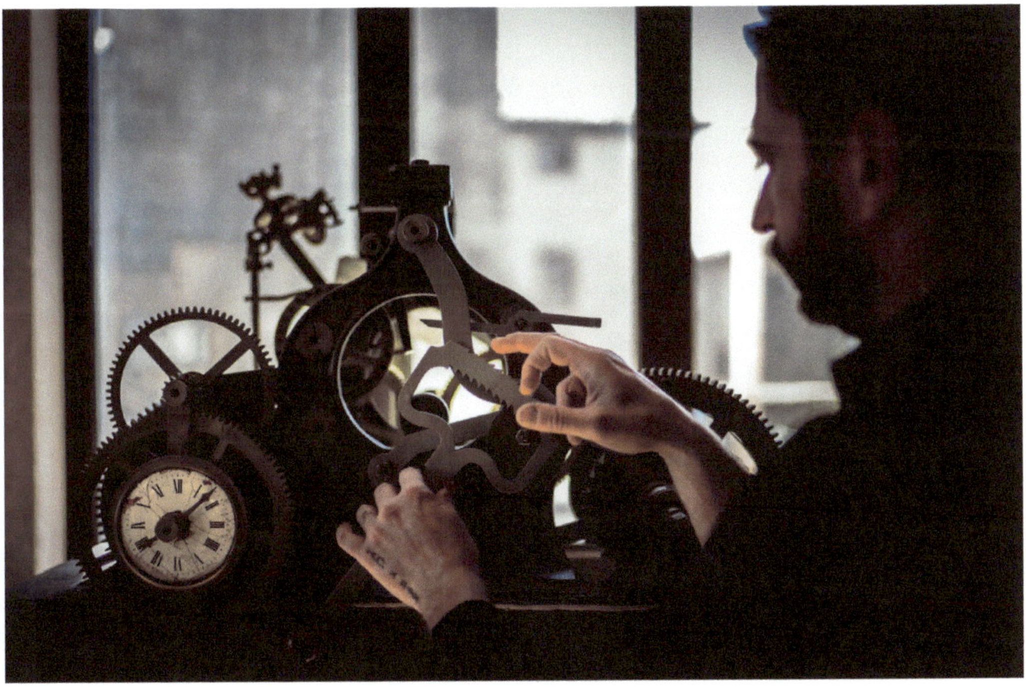

NEDRA, SARTA

Il sarto, oggi come ieri, è un artigiano specializzato a tutti gli effetti e in Italia è stata una professione che ha segnato la storia del costume e della moda. Sensibilità, gusto estetico, manualità ed estro artistico sono le doti necessarie per diventare sarti.

La necessità della razza umana, fin dai suoi albori, di coprire il corpo ha origini antiche, risalenti al Paleolitico. Il nostro desiderio di bellezza, di valore e la necessità di rappresentare queste cose fanno della sartoria un'arte contemporanea.

Nedra, classe 1939, ama il cucito e anche "fare la calza", pratica che coltiva con passione da ben settantacinque anni.

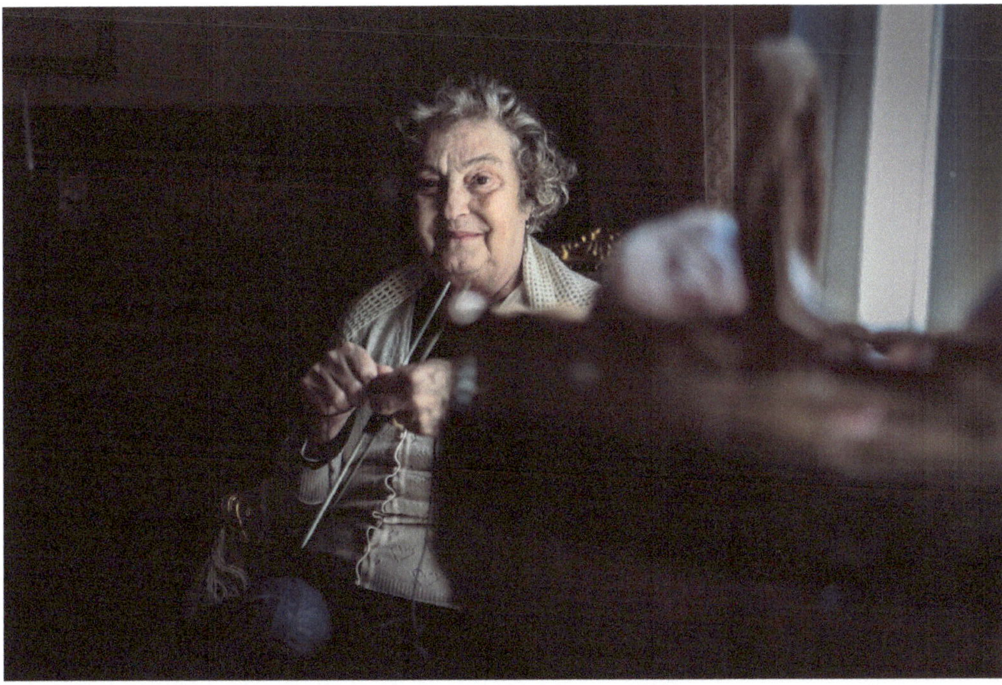

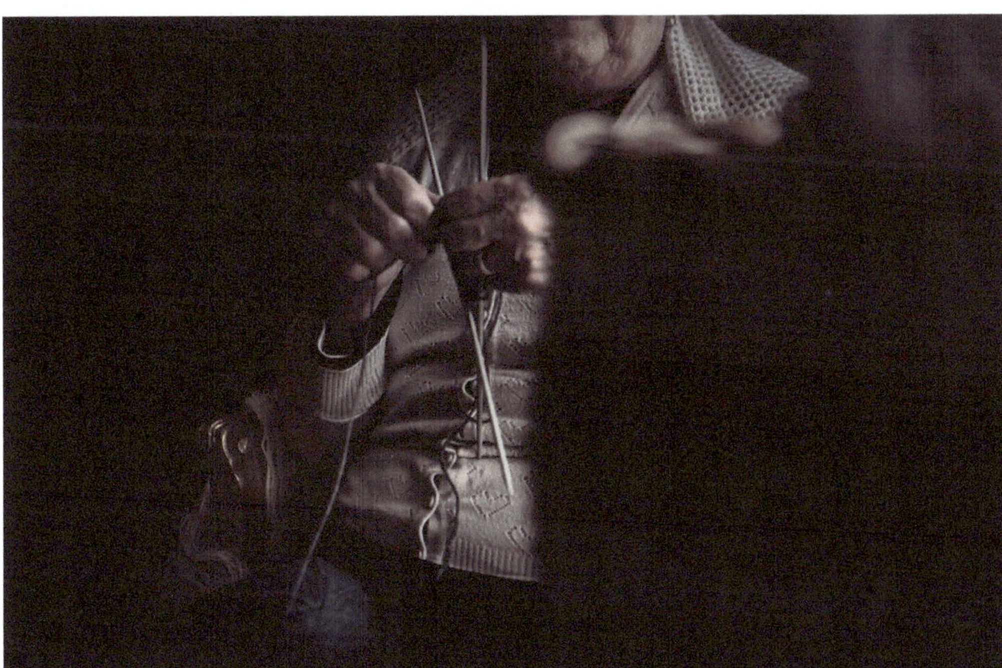

GUIDO, TAPPEZZIERE

L'origine dell'impiego dei tappezzieri risale al Tempio di Gerusalemme, nel primo secolo dopo Cristo. Tuttavia, se vogliamo individuare un periodo in cui iniziano a fiorire tende, coperte e cuscini nelle case dei ricchi borghesi, è sicuramente il Quattrocento. La fantasia dei tappezzieri rappresentava il vero valore aggiunto nella decorazione delle abitazioni, creando situazioni di assoluto prestigio.

Secondo Guido, tappezziere da quarant'anni, questo mestiere sarà sempre presente, ma alcune tipologie di lavorazione rischiano di svanire a causa della moda dello "usa e getta", ovvero il consumismo. Quest'ultimo non consente una lunga vita ai mobili di legno tappezzati, preferendo uno stile moderno e industrializzato rispetto all'opera unica e personale.

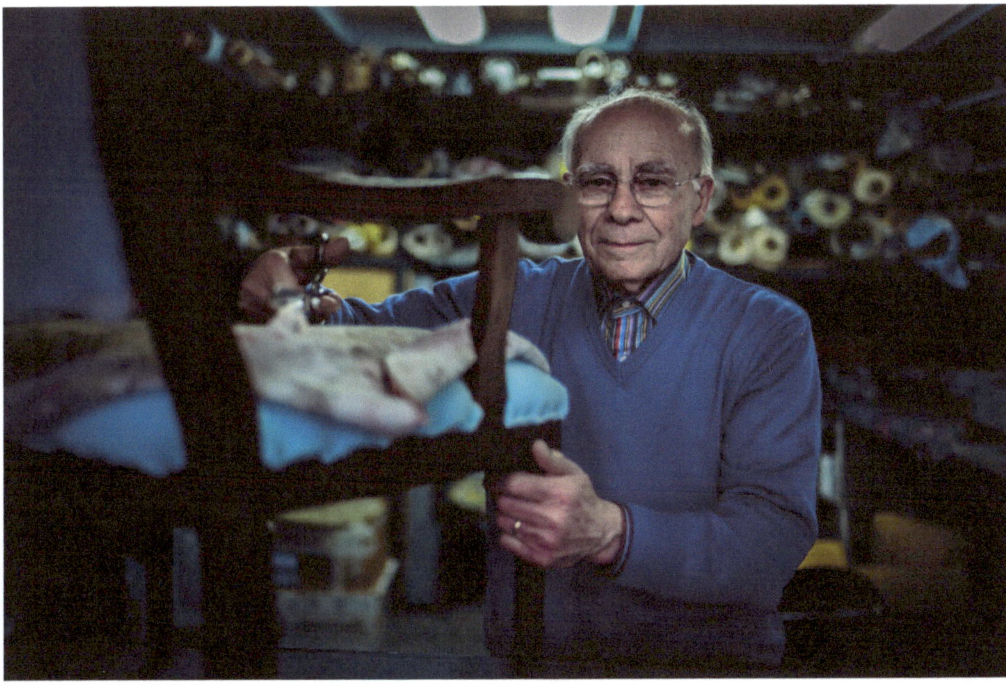

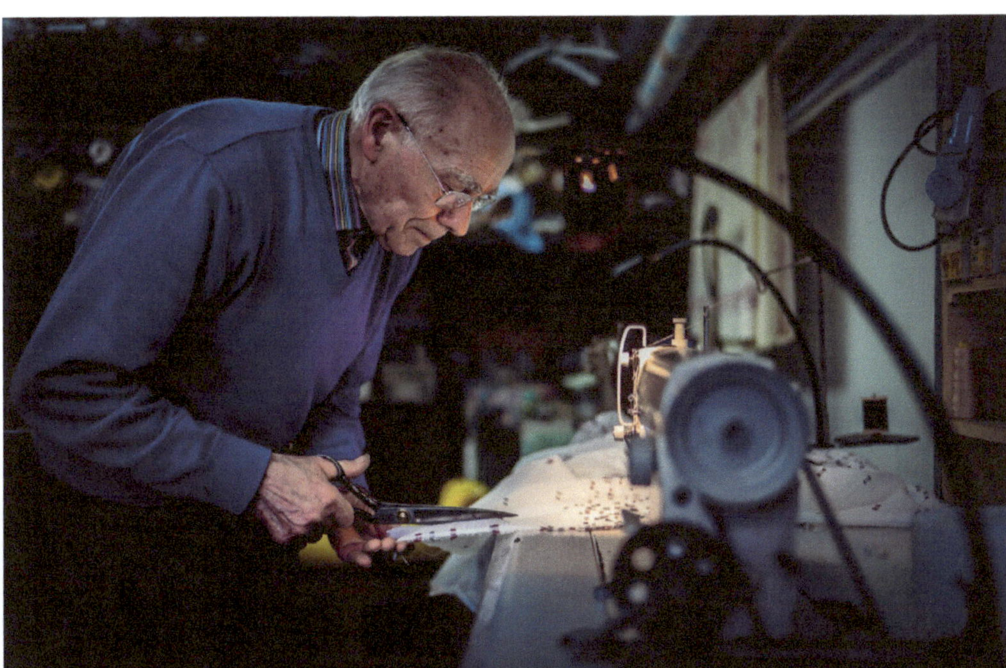

AURELIO, ERBORISTA

Le antiche conoscenze erboristiche venivano tramandate oralmente di generazione in generazione, rappresentando una scienza che affonda le radici nei millenni passati. Questo mestiere coinvolge le mani nella straordinaria varietà di erbe e piante spontanee presenti ovunque sul pianeta.

Ancora oggi, le erbe svolgono un ruolo vitale nelle industrie del tabacco e della birra, nelle produzioni di vini e liquori, agendo come coloranti e aromatizzanti in pasticceria e nella preparazione delle tinture. Vengono utilizzate per creare essenze, oli naturali, profumi e cosmetici.

Aurelio ci illustra che, soprattutto nei distillati, le erbe possono regalare sensazioni uniche, come nel caso dell'amaro Stilla, tipico del Monte Amiata e basato su antiche ricette dei monaci cistercensi. Questo perché il territorio amiatino risulta essere unico per le biodiversità presenti in esso.

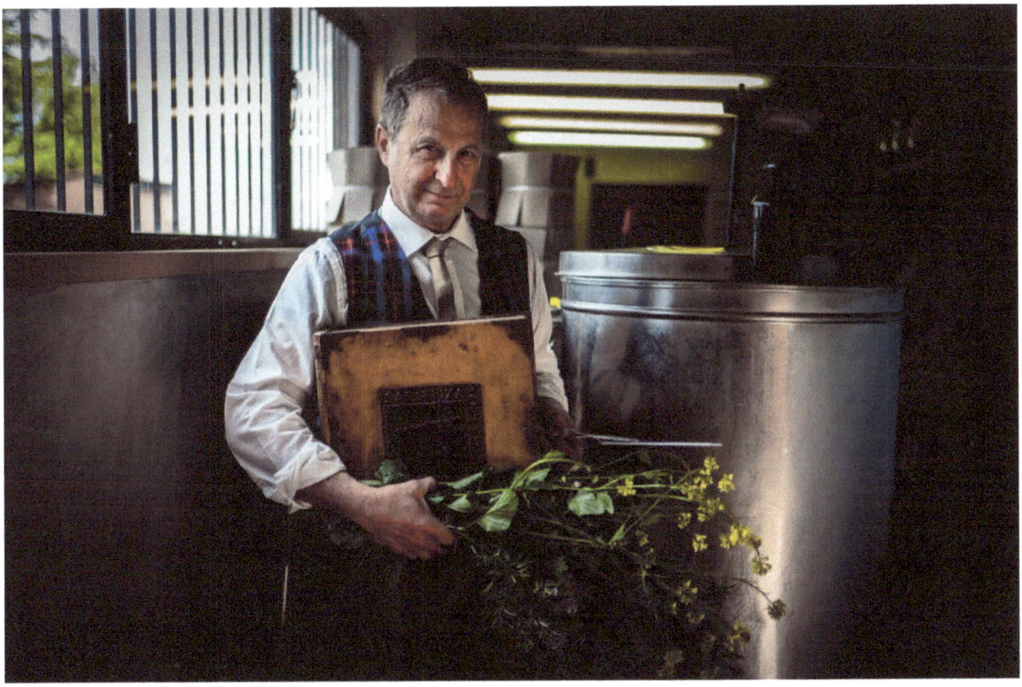

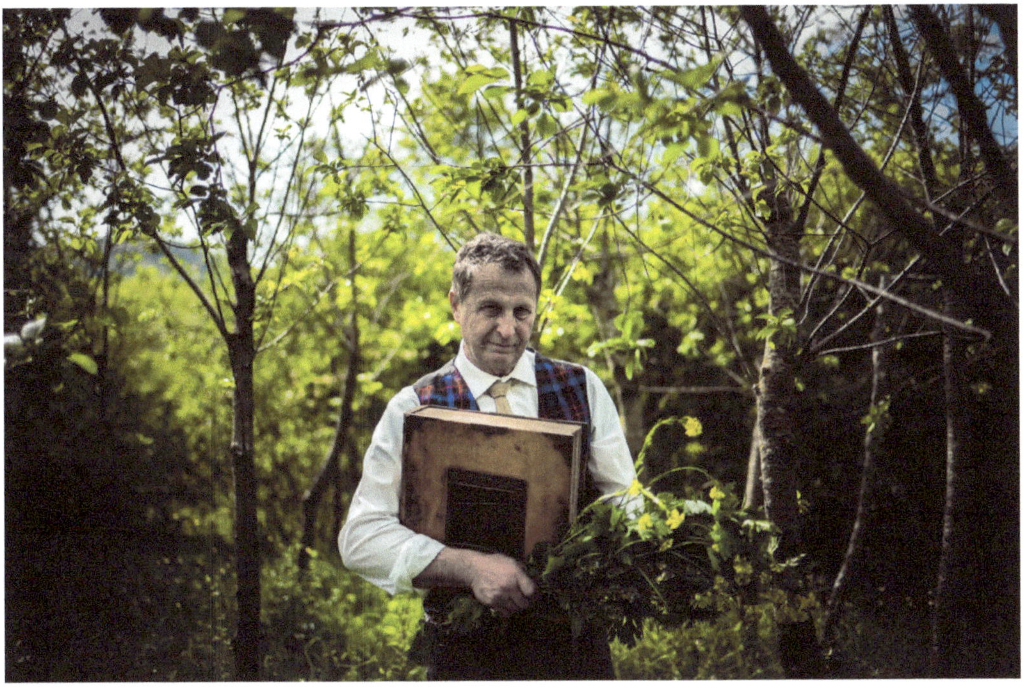

MASSIMO, MIELAIO

L'apicoltura è un'antica pratica umana che si estende per almeno dodicimila anni, e l'apicoltore svolge un ruolo fondamentale nel ricreare le condizioni di vita ideali per le api allo stato brado.

Sebbene il miele abbia gradualmente perso popolarità come dolcificante con l'introduzione dello zucchero rafinato, oggi l'apicoltura gode di buona salute e il mestiere continua a essere tramandato di generazione in generazione. Massimo, con ventitré anni di esperienza in questa attività, condivide la sua soddisfazione nel creare e far crescere famiglie di api, per poi raccogliere i frutti del loro lavoro.

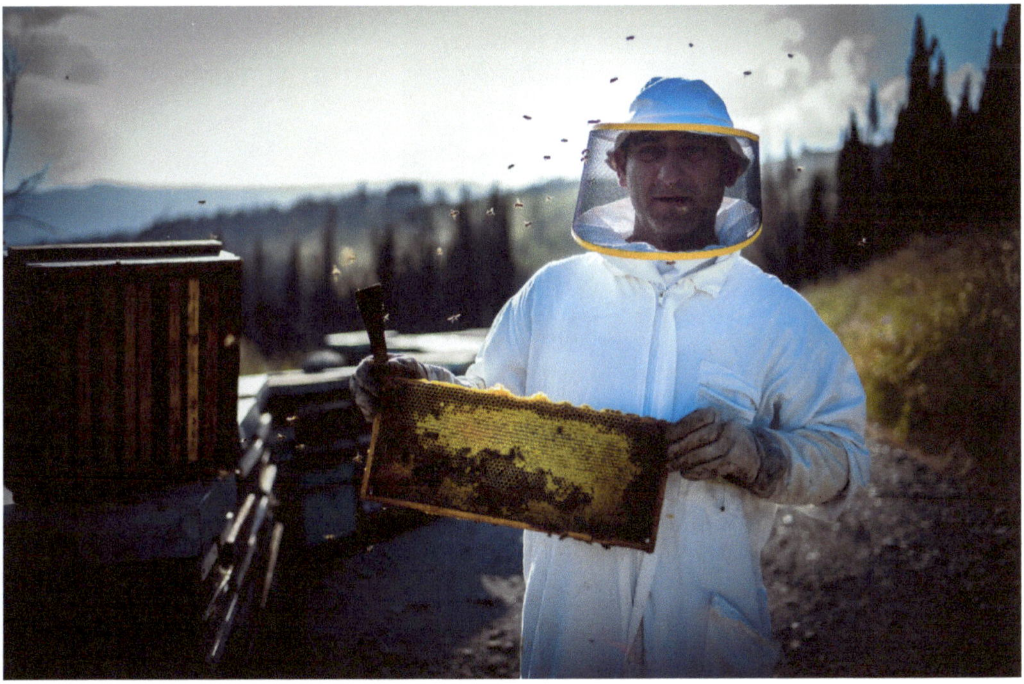

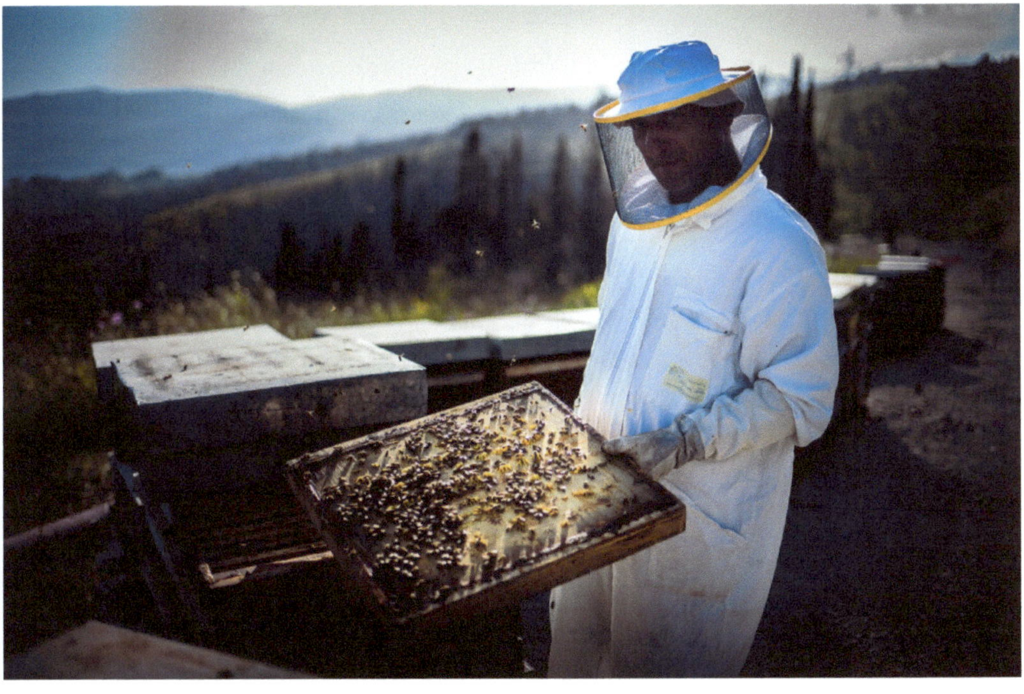

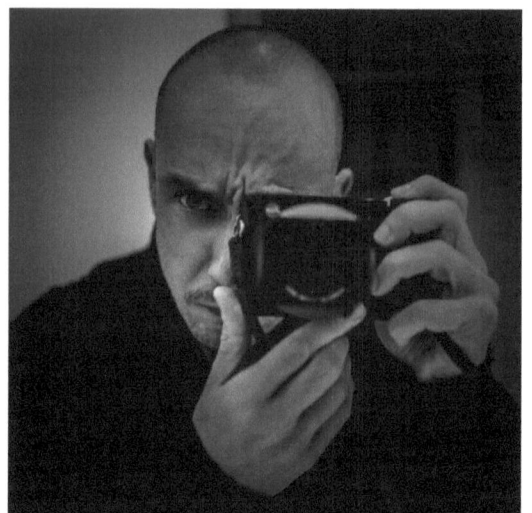

INFORMAZIONI SULL'AUTORE

Nato in una famiglia dalle profonde origini toscane, ho preso la mia prima macchina fotografica da bambino e ho deciso di non lasciarla più. Amo catturare la commedia umana attraverso la macchina fotografica e viaggiare fotografando le differenze che ci rendono umani.

Nel corso degli anni ho documentato la vita dei quartieri spagnoli di Napoli, nel sud Italia, la devastazione dei campi di concentramento come Dachau in Germania, il terremoto in Abruzzo, gli antichi mestieri della mia terra, la Toscana appunto, i substrati sociali dei mercati storici di Roma e gli effetti devastanti dell'anoressia sulle giovani donne, per citarne alcuni.

"Nella omologazione portata dalla globalizzazione, la maestria espressa dagli antichi mestieri è da salvaguardare al pari delle opere d'arte."
- Carla Fendi -

Per maggiori informazioni: **www.michelebelloni.net**

www.ingramcontent.com/pod-product-compliance
Lightning Source LLC
Chambersburg PA
CBHW040325010626
45792CB00024B/2131